그리스도, 내 영혼의 힘
Strength of Soul

영혼의 힘은 성공적인 삶을 위한 최고의 비결이다.
영혼의 힘이 없으면 우리는 힘겹고 단조로운 날들을 보내게 된다.
내면의 평온은 성품을 강하게 하고,
영혼에 힘을 주며, 인격을 강인하게 해준다.
영혼의 힘이 없으면 우리는 쉽게 낙담하며,
주변 일에 쉽게 흔들리게 된다.
영혼의 힘은 삶에 기쁨과 열정을 불어넣어 준다.
영혼의 힘이 부족하면 우리는 방향을 잃고 표류하게 된다.
영혼의 힘은 흘러가는 세월에 기쁨을 불어넣어 준다.
영혼의 힘을 구하는 사람은 참으로 그 힘을 얻게 된다.

그리스도,
내 영혼의 힘
Strength of Soul

필립 켈러

생명의말씀사

Strength of Soul
by W. Phillip Keller

Copyright ⓒ 1993 by W. Phillip Keller under the title *Strength of Soul*
Originally published in the USA by Kregel Publications, Grand Rapids, MI, USA.
Translated and printed by permission. All rights reserved.
License arranged through rMaeng2, Seoul, Republic of Korea.

This Korean Edition ⓒ 2022 by Word of Life Press, Seoul, Republic of Korea.

이 한국어판의 저작권은 알맹2를 통하여 Kregel Publications와 독점 계약한 생명의말씀사에 있습니다. 신저작권법에 의하여 한국 내에서 보호받는 저작물이므로 무단 전재와 무단 복제를 금합니다.

그리스도, 내 영혼의 힘

ⓒ **생명의말씀사** 1996, 2022

1996년 4월 10일 1판 1쇄 발행
2000년 11월 25일　　 2쇄 발행
2022년 4월 25일 2판 1쇄 발행

펴낸이 | 김창영
펴낸곳 | 생명의말씀사

등록 | 1962. 1. 10. No.300-1962-1
주소 | 서울시 종로구 경희궁1길 6 (03176)
전화 | 02)738-6555(본사) · 02)3159-7979(영업)
팩스 | 02)739-3824(본사) · 080-022-8585(영업)

기획편집 | 태현주, 전보아
디자인 | 박소정
인쇄 | 영진문원
제본 | 보경문화사

ISBN 978-89-04-16795-1 (03230)

저작권자의 허락없이 이 책의 일부 또는 전체를
무단 복제, 전재, 발췌하면 저작권법에 의해 처벌을 받습니다.

그리스도,
내 영혼의 힘
Strength of Soul

감사의 말

유난히 뜨거웠던 여름철 내내 글을 쓰는 일은 용기와 인내가 필요한 힘겨운 일이었다. 그러나 아침마다 하나님 아버지의 힘과 지혜와 돌보심을 강하게 느꼈기에 집필을 계속해 나갈 수 있었다.

전국에 흩어져 있거나 가까이 있는 소중한 사람들의 관심과 사랑, 기도는 나에게 용기를 북돋아 주었다. 어떤 사람들은 여러 해 동안 나를 위해 기도해 주었다. 참으로 고마운 일이다!

편집자이자 친구인 앨 브라이언트(Al Bryant)의 순수한 열정과 차분한 유능함은 보기 드문 특별한 장점이다. 우리는 여러 해 동안 많은 원고 작업을 흔쾌히 함께해 왔다.

이 책의 원고를 타이핑해 준 펀 웨버(Fern Webber)에게 특별히 감사를 드린다. 웨버는 내가 수기로 쓴 글을 읽고 멋진 원고로 만들어 내는 놀라운 능력을 가지고 있다. 그녀는 이 책의 출판을 위해 우리 하나님 아버지께서 나에게 주신 선물이다.

여러분 모두에게 하나님의 은총과 행복이 있기를 바란다.

감사의 말   *6*

시간을 다스리시는
주님을 따르는 삶의 여유로움

01   영원한 것을 위해 시간을 사용하라   *12*
02   즐거운 나날을 위한 느릿한 걸음걸이   *24*

그리스도인의 영혼의 힘과
심령의 평온함

03   불편한 이웃들도 사랑하고 받아들이라   *38*
04   역경 가운데서도 주님은 우리의 행복을 마련해 두신다   *49*
05   주님과 친밀하게 교제함으로 두려움 없이 세상에 맞서라   *60*
06   죽음을 올바르게 대하는 유일한 방법   *72*
07   하나님이 주시는 소망으로 삶을 고요한 시선으로 바라볼 수 있다   *84*
08   모든 일에 감사할 때 우리의 영혼은 강해진다   *96*
09   좋은 유머는 도움과 치유와 소망을 가져온다   *108*

contents

10 다른 사람의 짐을 벗겨 주라   *119*

11 자신의 약함을 인정할 때 하나님의 놀라운 능력을 나누어 받는다   *130*

12 단순함이 삶을 수월하게 해준다   *141*

13 염려를 물리치고 하나님을 신뢰하라   *153*

14 밖으로 나가 자연에서 하나님의 생명력을 호흡하라   *164*

15 하나님의 말씀에서 얻는 영혼의 양식이 우리의 영혼을 지탱해 준다   *176*

16 하나님의 백성은 세상의 슬픔에 노래를 들려줄 수 있다   *187*

17 하나님과 동행하는 영광스러운 체험을 이야기하라   *198*

18 빛이 없으면 낙심할 것도 없다   *210*

어려움을 이기고
참된 행복과 평안에 이르는 길

19 살아 계시는 그리스도와 날마다 교제하라   *224*

20 아버지의 돌보심 가운데 안식하며 즐거워하라   *236*

21 주님의 임재 가운데 잠잠히 거하라   *247*

시간은 아름답고 고귀하며 가치 있는 일을 하도록 우리 각자에게 주어진 특별한 기회다. 우리가 삶을 즐길 수 있도록 우리 아버지 하나님이 주신 사랑의 선물이다. 각각의 시간들은 저마다의 특별한 면들에서 빛나는 광채가 있고, 내면적인 평온의 아름다움과 영혼의 힘을 지니고 있다. 그리스도께서 나의 시간을 다스리시도록 하면 감절로 그렇게 될 수 있다. 그리스도께서는 그분만의 놀라운 방식으로 나의 하루하루에 독특한 아름다움을 가져다주시며, 나의 시간을 기쁨으로 빛나게 하실 수 있다.

시간을 다스리시는
주님을 따르는
삶의 여유로움

1
영원한 것을 위해
시간을 사용하라

단순히 우리가 얼마나 바쁜 나날을 보냈느냐, 또는 얼마나 많은 경험을 했느냐로 삶의 질을 측정하거나 평가할 수 없다. 우리 모두의 삶을 평가하는 근본적인 기준은 오직 한 가지뿐이다. 바로 삶의 평온함의 깊이와 영혼의 힘이다. 그리고 그것은 그리스도에게서 나온 것이어야 한다.

시간은 보배다. 시간은 아름답고 고귀하며 가치 있는 일을 하도록 우리 각자에게 주어진 특별한 기회다. 시간은 일시적인 것이긴 하지만 우리가 영원한 것을 만들어 낼 수 있게 해준다. 시간은 우리가 삶을 즐길 수 있도록 우리 아버지 하나님이 주시는 사랑의 선물이다.

매일 우리가 맞이하는 새로운 날들은 모양을 내고 광택을 내야 할 보석의 원석과도 같다. 이러한 시간을 어떻게 사용해야 할까?

일주일, 한 달, 1년, 더 나아가 일생을 마칠 때쯤이면 우리는 한 줄의 빛나는 보석들을 볼 수 있을 것이다. 각각의 시간들은 저마다의 특별한 면들에서 빛나는 광채가 있고, 내면적인 평온의 아름다움과 영혼의 힘을 지니고 있다.

그리스도께서 나의 시간을 다스리시도록 하면 갑절로 그렇게 될 수 있다. 그리스도께서는 그분만의 놀라운 방식으로 나의 하루하루에 독특한 아름다움을 가져다주시며, 나의 시간을 기쁨으로 빛나게 하실 수 있다.

이러한 일 중 상당 부분은 주변의 지나가는 상황을 내가 그리스도의 시각으로 보느냐 아니냐에 달려 있다.

첫 겨울비가 내린 뒤 메마른 흙을 뚫고 나오는 불굴의 제비꽃이 피워내는 찬란한 노란 꽃망울을 나는 정말로 보고 있는가? 바람에 휘몰아치는 바다 물결 위로 마음껏 날아오르는 갈매기들을 나는 정말로 보고 있는가? 낯선 사람의 부드러운 미소를 나는 정말로 보고 그에게 감사를 표하는가?

나에게 다정하게 선물로 주셔서 돌보도록 한 이 시간을 어떻게 사용해야 할까? 걱정과 조바심으로 시간을 낭비해야 할까? 아니면 아버지의 따스한 품에 행복하게 나를 내맡긴 채 "오, 사랑하는 주님, 주님이 나를 보살피십니다. 오늘도 주님의 눈으로 삶을 볼 수 있도록 평온히 인도하소서."라고 부드럽게 말씀드리는 법을 배워야 할까? 그렇게 하면 그 시간이 보배가 될 것이다!

시간은 보내는 것, 그 이상의 것이다. 우리는 '시간 보내기'에 대해 너무 쉽게 얘기하곤 한다.

그러나 시간은 게으르고 공허한 일로 흘려보내기에는 너무도 소중한 것이다. 그러한 일로 시간을 보내면 시간은 실제로 낭비되고 버려지며,

절대로 되돌릴 수 없게 된다. 시간은 세심하게 음미하고, 즐기며, 소중히 여겨야 하는 것이다.

매일 새날이 밝을 때마다 던져야 할 질문이 있다. 그것은 바로 "오늘을 어떻게 보낼 것인가?" 하는 것이다. 이 질문은 심오하고, 통찰력 있고, 가슴을 울리는 질문이다. 우리에게 주어진 오늘은 독특하고 특별한 기회이자 영원의 한 기간으로서 삶 자체의 진한 정수가 흘러나올 수 있는 순간인 것이다.

이 질문은 '시간 때우기'에 대한 문제가 아니다. 어떻게 하며 이 잠깐의 시산이 나의 영혼을 가득 채우고, 영을 풍요롭게 하며, 나의 행복은 물론 주변 사람들의 삶에도 도움이 될 수 있을까 하는 문제다. 이 시간을 지혜롭게 잘 보낼 수 있을까? 이 시간이 부담이 아니라 축복이 될 수 있을까? 이 시간이 내 영혼과 다른 사람에게 힘을 불어넣어 줄 수 있을까?

시간을 소중히 여기는 사람에게는 시간을 다른 사람에게 투자하여, 자신뿐 아니라 다른 사람에게도 유익을 안겨 주는 무궁무진한 방법이 있다. 마침 어제 있었던 일을 그 예로 들기 좋겠다.

아침 일찍 일어나 바깥 풍경을 보니 온 세상이 밤새 내린 눈으로 뒤덮여 있었다. 이러한 날은 대부분의 연로하신 분들은 외출하기 어려울 것이다. 그들은 대부분 집에 갇혀 있다는 기분이 들 수 있을 것이다.

나는 운전하기 어렵다거나 빙판길이 위험하다는 것에 개의치 않고, 이웃 마을에 홀로 사는 선원인 어르신 한 분을 방문하기로 결심했다. 내가 문 앞에 도착하자 그는 환한 미소를 지어 보였다. 혼자 견뎌야 했을 길고 긴 하루의 외로움이 내가 오자 사라져 버리게 된 것이다.

그가 해안을 따라 경험했던 신나는 모험의 이야기를 들려주는 동안 우리는 부드럽고 그윽한 불빛 속에 앉아 있었다. 그의 멋진 고양이가 내 무릎에 웅크리고 앉아서 이렇게 말하는 듯했다. "당신은 우리 주인에게 아주 도움이 되는 일을 하고 있군요!"

그는 몸집이 큰 사람이었다. 그는 거친 바람 속에서 밧줄과 돛을 다뤄 온 선원다운 크고 강인한 손과 거대한 어깨를 지니고 있었다. 그러나 그 커다란 덩치 속에는 평온한 믿음으로 그리스도를 사랑하게 된 이의 온화한 영혼이 깃들어 있었다.

항상 그랬던 것은 아니다. 젊었을 때 그는 거칠고 난폭한 사람이었다. 그러나 이제 우리는 그를 돌보시고 함께하셔서 그가 황혼기를 품위 있게 살 수 있게 해주신 우리의 친구이신 주님에 대해 부드럽게 이야기를 나누는 사람이 된 것이다.

나는 그의 허름한 집에서 은은하고 노란 불빛이 햇볕에 그을린 그의 얼굴을 비추는 것을 바라보고 있었다. 그 순간의 기쁨이 그에게 생동감과 활기와 감동을 주었다.

우리 두 사람은 그의 추억을 함께 음미하며 시간을 보냈다. 우리가 함께함으로 인해 그 시간이 마치 연단한 금처럼 빛나고 있었다. 그가 바다에서 보냈던 날들을 다시 이야기해 주자 우리의 영혼은 따스해졌고, 우리의 마음은 이상할 정도로 요동쳤다.

구름이 짙게 드리워져 있다고 하더라도 전혀 문제가 되지 않았다. 그렇게 덮인 구름이 어둡고 회색빛이라도 말이다. 현관문 앞에 눈이 더 쌓인다고 해도 문제될 것이 없었다. 내가 그를 방문한 행동은 그 허름한 집에, 그리고 억세고 연로한 뱃사람 안에 즐거움과 웃음, 유쾌함의 새롭고 신선한 불꽃이 다시 불붙게 하는 역할을 했다.

그 집에서 나오려고 내가 방한 장갑을 집어 들자, 그는 크고 힘센 손으로 내 손을 꽉 움켜쥐었다. 그의 눈에는 밝고 부드러우면서도 매력적인 빛이 감돌았다. 그의 다부진 얼굴은 애정 어린 감사가 담긴 미소로 환하게 빛나고 있었다.

나의 조용한 방문이 그와 나의 삶을 풍요롭게 해주었다.
그 시간은 부드러운 대화를 나누며 보낸 아주 소중한 시간이었다.
그리고 순수한 기쁨으로 음미하고 즐기고 사용한 시간이었다.

모든 공동체에는 고독하고, 외롭고, 슬픈 영혼들이 수없이 많이 있다. 그러한 사람들에게 다가가서 격려하고 사랑하며 돌보는 일은 순수한 기쁨이 될 수 있다.

우리의 시간을 이보다 더 잘 사용할 수 있는 방법은 없다.

그것이 바로 주님이 이와 같이 하신 말씀의 의미인 것이다.

"내가 주릴 때, 우정과 따스함과 활기에 주려 있을 때 너희가 먹을 것을 주었느니라."

"내가 목마를 때, 사랑의 보살핌과 너희의 시간에 목말라 있을 때 너희가 마실 것을 주었느니라."

"내가 나그네 되었을 때, 친절한 가족의 따스함을 모르는 사람이었을 때 너희가 나를 너희 삶 가운데 받아들였느니라."

"내가 헐벗었을 때, 개인에게서 소속감을 앗아가는 사회에서 헐벗고 취약한 상태에 있었을 때 너희가 긍휼과 애정 어린 관심으로 내게 옷을 입혔느니라."

"내가 병들었을 때, 영혼과 영과 때로는 육체가 병들었을 때 너희가 나를 방문할 만큼 충분히 돌보아 주었느니라."

"내가 옥에 갇혔을 때, 나 자신의 외로움과 두려움 그리고 남들에게 잊혔다는 끔찍한 느낌에 갇혔을 때 그때 너희가 찾아왔느니라." 그럴 때에 외로움의 속박에서 나를 벗어나게 해주었다는 것이다.

그렇다. 정말로 그렇다. 우리는 소리 없는 절망과 깊은 낙담 가운데 빠진 채 변변치 못한 삶을 살아가는 다양한 부류의 사람들에게 둘러싸여 있다. 관심을 기울이는 다른 사람의 따스한 손길과 다정한 말을 애타게 갈망하는 사람들, 때로는 여러 날 여러 주 동안 문 앞에서 우리의 발걸음 소리가 들리기를 기다리는 사람들, 진심 어린 포옹이 주는 평온한 안심을 기다리는 사람들, 즐거운 농담과 사랑스러운 웃음이 주는 행복감과 기쁨을 기다리는 사람들, 우리 영혼의 힘이 자신들에게로 흘러넘치기를 기다리는 사람들에게 우리는 둘러싸여 있다.

이 세상을 더 밝고 더 나은 장소로 만들기 위해서는 단지 시간이 필요할 뿐이다. 지혜롭게 잘 보내는 우리의 시간, 나의 시간이 필요할 뿐인 것이다. 우리 가운데에는 사회를 개선하기 위해 세련된 프로그램이나 고도로 짜인 공동체 계획을 찾는 사람들이 너무 많이 있다. 우리가 마음대로 사용할 수 있는 모든 시간이 아무것도 하지 않는 빈손 사이로 빠르게 빠져나가고 있음에도 말이다. 그 시간은 활용되지 않고, 낭비되고, 허비되고 있다.

그렇다고 일부러 착하게 살려고 아등바등 애써야 한다는 말은 아니다. 오히려 이것은 하나님의 은혜로우신 성령께 민감해야 한다는 말이다. 성령께서는 우리가 길에서 마주치게 되는 사람들에게 우리의 시간을 내주라고 손짓하신다.

성령께서 그렇게 하실 때 나는 그리스도께서 내 안에 거하시는 것처럼 그들 안에도 거하신다는 사실을 기억해야 한다. 주님은 나를 돌보시듯이 그들도 돌보신다. 이 개인적인 만남을 통해 주님은 내가 주님을 섬기고, 다른 사람을 섬길 기회를 주신다.

이것은 우리가 느낄 수 있는 인자한 방식으로 사람을 만지시는 주님의 특별하고도 자비로운 방법이다. 이를 통해 나는 평온한 만족과 온화한 힘을 직접 나누어 줄 수 있는 것이다.

이것은 모험이다. 이러한 식으로 내준 시간은 언제나 넘치는 기쁨으로 우리에게 되돌아온다. 비록 짧은 시간일지라도 다른 사람에게 우리 자신을 바치는 것은 삶에서 새로운 기쁨을 발견하는 일이며, 우리의 보잘것없는 삶에서 영원한 가치가 있는 거룩한 차원을 발견하는 일이다.

지혜로운 사람들에게서조차 보기 드물고 인상적인, 시간에 대한 또 다른 관점이 하나 더 있다.

우리에게 맡겨진 이 소중한 자원에 대해 우리는 실제로 더 많은 것을 발견하는 것 같다. 우리에게는 성찰할 시간, 방문할 시간, 기도할 시간, 우리 아버지 되시는 분과 조용히 교감할 시간, 좋은 책을 읽을 시간, 영감을 주는 음악을 즐길 시간, 조용히 산책할 시간, 도움의 손길이나 즐거운 격려의 말이 필요한 사람들을 도와줄 시간 등이 있다. 이러한 목록을 끊임없이 계속 열거할 수 있다. 세상에는 우리의 관심을 사로잡고, 우리의 지성에 도전을 주고, 우리의 시야를 넓혀 주는 수많은 관심사가 있다.

지난주에 어떤 열정이 넘치는 이웃이 아주 즐거워하면서 자기가 수강하고 있는 꽃꽂이 수업에 대해 말해 주었다. 그녀는 꽃꽂이 배우는 것을 정말 좋아한다. 그런데 그녀는 꽃집에서 일하면서 꽃다발을 만들 시간이 없는 사람들을 위해 아름다운 꽃다발을 만드는 것이 즐겁다고 말하기까지 했다. 그녀에게는 그 일이 다른 사람에게 특별한 기쁨과 즐거움을 가져다줄 수 있는 즐거운 봉사였던 것이다. 정말로 그렇다!

그러나 그것은 꽃다발을 만드는 사람과 그 꽃다발을 선물로 받은 사람의 삶을 풍요롭게 해주기 위해 우리 아버지께서 주신 너그러운 은사 가운데 하나인 것이다.

자유로운 시간을 더 많이 가질 때 주어지는 멋진 보너스 가운데 하나는, 바쁜 스케줄에 모든 것을 맞추려고 애쓰는 데서 오는 스트레스와 분주함을 없애 준다는 것이다. 그 순간을 즐기고, 지나가는 상황들을 음미하며, 잠시 멈추어 서서 소중한 만남을 담아낼 수 있는 시간을 정말로 얻게 된다.

물론 우리 중 많은 사람이 이렇게 하기 어려운 것은 사실이다. 우리 가운데 소수의 사람만이 지속적인 기쁨으로 자신의 날들을 장식하기 위해 시간을 쏟는 겸손한 기술을 배웠던 것이다. 우리는 쉴 새 없이 움직이는 사회에 살고 있다. 우리는 우리가 해야 하는 한 가지 일에서 다음 일로 미친 듯이 열을 내며 돌진한다.

우리는 최소의 시간에 최대의 활동을 하도록 길들여져 있는 것이다. 현대인 대부분에게 스트레스와 긴장은 삶이라는 태피스트리의 날실과 씨실과도 같다.

단순히 우리가 얼마나 바쁜 나날을 보냈느냐, 또는 얼마나 많은 경험을 했느냐로 삶의 질을 측정하거나 평가할 수 없다. 우리 모두의 삶을 평가하는 근본적인 기준은 오직 한 가지뿐이다. 바로 삶의 평온함의 깊이와 영혼의 힘이다. 그리고 그것은 그리스도에게서 나온 것이어야 한다.

간단한 예를 들어 보겠다. 예술 작품을 감상하고 즐기는 것에 대해 생각해 보기로 하자. 그것은 아름다운 스케치나 멋진 사진, 훌륭한 그림, 좋은 음악, 감동적인 시, 위대한 문학, 뛰어난 수공예품, 호기심을 자극하는 건축물, 우수한 기계 설비 등일 수 있다. 실제로 나는 이러한 것들로부터 내 영혼에 흘러들어오는 기쁨과 영감에 대하여 감사가 솟아나도록 하는 데 얼마나 많은 시간을 보내고 있는가?

나는 우리 아버지께서 예술가에게 주신 위대한 은사를 되새겨 보기 위해 잠시 멈추는 시간을 갖고 있는가? 나는 그 예술가가 훈련과 연단, 연습에 쏟은 세월에 대하여 감사하고 있는가?

나는 그런 진귀한 작품을 만들어 내기 위해 기꺼이 들인 희생과 고통, 노력, 깊은 생각에 대하여 조금이라도 알고 있는가? 나는 그 작품이 나뿐만 아니라, 내가 그것을 공유하는 다른 사람들도 풍요롭게 하도록 하고 있는가?

바로 이틀 전, 나는 커다란 침대에 폭 잠들어 있는 아기를 그린 색다른 그림을 보고 시선을 뗄 수 없었다. 아기의 한쪽 옆에는 그 아기가 많이 껴안았을 것 같은 곰 인형이 놓여 있었다. 다른 쪽에는 장난감들이 널브러져 있었다.

그 그림은 놀라운 독창성을 발휘한 뛰어난 예술 작품이었다. 그 그림은 그저 껴안아 주고 싶은 귀여운 아기 그림은 아니었다. 손가락을 입술에 대고, 당신의 손을 잡아 아이의 침대 곁으로 살며시 이끌어, 완전한 평온의 순간을 함께 나누려는 재능 있는 예술가를 나는 거기서 만났다.

나는 몇 번이고 다시 그 그림이 있는 곳으로 돌아가서 그림을 감상했다. 나는 그저 놀라움과 경외심, 감탄 속에 푹 빠져 있었다. 완전한 평온과 더할 나위 없는 평화로움 가운데 아주 안온하게, 전적으로 안전하게, 깊이 잠들어 있는 작은 어린아이의 모습이었다. 이 예술 작품 하나에 삶 자체의 정수가 담겨 있었다.

나는 그 그림을 내 아내 우르줄라(Ursula)와 함께 누리지 않을 수 없었다. 우르줄라도 그 작품의 아름다움에 매료되어 마음이 풍요로워지고 큰 감흥을 느꼈다.

이러한 모든 일에는 시간이 든다. 생각을 할 시간도 필요하다. 나의 관심도 필요하다. 그러나 그 시간은 풍족한 보상을 받는 잘 투자한 시간으로, 내 마음의 금고에 커다란 본질적인 가치에 대한 영원한 기억을 남겨 준다.

여기서 이러저러한 예술 작품에 대해서 언급한 말들은 우리 삶의 다른 많은 영역에도 동일하게 적용될 수 있다. 우리 주변에서 보는 아버지 하나님의 자연 세계가 지닌 장관과 웅장함도 여기에 포함된다. 그리스도께서는 백합화와 나무, 새, 풀, 하늘의 장관을 아주 유심히 바라보라고 우리에게 말씀하셨다.

또한 그것은 부드러운 미소, 상냥한 얼굴, 친구나 이웃의 눈에서 빛나는 반짝임일 수도 있다. 우리와 함께 살면서 마음을 사로잡는 반려동물들, 우리에게 호의적인 그 매력적인 생명체들의 변함없는 충성심도 그런 것일 수 있다.

이 모든 것에 우리의 시간, 우리의 생각, 우리의 관심을 기울여야 마땅하다. 우리가 사랑을 품고 그들에게 시간을 쏟을 때, 우리는 그 시간들로 인하여 더 풍요로워지게 된다. 그리고 그들 또한 마찬가지다.
　거룩하고 온전한 사람이 되기 위해서는 시간이 필요하다. 그러나 그렇게 사용된 시간은 영원을 위해 잘 투자된 시간이다.

2
즐거운 나날을 위한
느릿한 걸음걸이

속도를 낮추라. 줄어든 힘의 연약함에 맞추어 삶의 걸음걸이를 조절하라. 순간을 음미하는 방법을 배우라. 회복시키는 생명의 샘인 그리스도의 임재를 깊이 들이마시라. 그리스도께서 내게 다가오시듯이, 고통당하는 사람들에게 다가가라. 다른 사람을 사랑하는 것은 인생에 있어서 최고의 선이며 중요한 목적이다.

서두르고 서두르면 복이 깃들지 않는다.
"하라카, 하라카, 하이나 바라카!"(Haraka, Haraka, Haina Baraka!)

이것은 동아프리카 전통에서 소중히 여기는 아주 오래된 격언이다. 나는 이 말을 우리 아버지를 위해 일하는 일꾼들의 감독이었던 은발의 노인에게서 처음 들었다. 그 노인의 이름은 오모네(Omone)였다.

그는 그의 짧은 이름에 걸맞게 키가 작고 다부졌다. 짧고 휘어진 다리, 강해 보이는 근육질의 팔, 주름진 얼굴의 다소 볼품없는 작은 몸의 소유자였지만, 그는 부드럽고 따스한 성자의 영에 감싸인 용맹스러운 마음을 가진 사람이었다.

그는 일꾼들로 하여금 일주일 안에, 대부분의 관리자가 한 달 동안에 해내는 일보다도 더 많은 일을 끝낼 수 있게 하는 놀라운 능력을 가진 사람이었다. 나의 아버지는 직원들에게 도급 방식으로 일하게 하는 것을 선호하셨기 때문에 오모네는 보통 2시경에 하루 일과를 마치곤 했다. 그러고 나면 일꾼들은 웃고 노래하면서 연장을 어깨에 둘러메고는 자기들의 땅을 일구러 집으로 돌아갔다.

그 당시 10대 후반의 성장기 소년이었던 나는 오모네가 이뤄 내는 성과에 항상 놀라곤 했다. 아주 많은 고용주들이 피고용인들과 끊임없이 다투었고, 피고용인들은 성의 없게 일을 해주곤 했다. 그러나 우리 집 주변에는 늘 이런 기분 좋은 기운과 쾌활한 농담이 넘쳤고, 일을 잘하고자 하는 분위기로 가득했다.

오모네는 그 비결이 "하라카, 하라카, 하이나 바라카!"에 있다고 주장했다. 그는 자기가 관리하는 사람들을 절대로 몰아붙이거나 압박하거나 위협하지 않았다. 그는 정신없이 빠른 속도로 일꾼들을 밀어붙여 속에서 화가 치밀게 하거나 원망이 끓어오르지 않게 했다. 오히려 달성할 수 있고 즐기며 할 수 있는 꾸준한 속도를 정해 놓고 일하게 했다. 그 결과 사람들은 오모네와 함께 일하는 것을 좋아했다.

내 삶에서 이 멋진 교훈을 배우는 데는 아주 오랜 시간이 걸렸다. 그것은 내가 조상들에게서 물려받은 선천적인 본능 때문이었다. 우리는 전통적으로 거칠고, 정력적이며, 빠른 사람들이었다.

주된 목표는 '일을 끝내는 것'이었다. 그리고 가능한 한 짧은 시간 안에 일을 끝내는 것이었다.

결과적으로 밀어붙이고 계속 밀어붙였다. 그렇게 하면 중압감이 가중되고, 몸과 영혼과 정신이 심각한 스트레스를 받게 된다. 또한 당면한 일이나 과제가 줄 수 있었을 기쁨을 누리지 못하게 된다.

젊은 시절과 중년 시절의 수년 동안, 나는 시간이 소요되는 활동을 즐기기 위해 일의 속도를 조절하는 순수한 기쁨을 알지 못했다. 그 결과 나 자신을 아주 심하게 몰아붙였고, 종종 주위 사람들을 절망에 빠뜨리기도 했다. 많은 친구들이 나와 보조를 맞추지 못했으며, 나의 심한 조급함에 점차 지쳐 갔다.

이제 과거를 돌아보면서 분명한 사실을 깨달았다. 내 삶의 빠른 걸음걸이와 일을 해내려는 열심에서 비롯한 나의 조급함과, "가, 가, 빨리 가!"나 "해, 해, 더 해!"와 같은 나의 추진력이 합쳐져서 나를 완고한 사람으로 만들어 버렸다. 나 자신에게 완고하고, 다른 사람에게도 완고하며, 아버지 하나님이 다루시기에도 힘든 사람이 되었던 것이다.

그러나 이 모든 것들 외에도 다른 세 가지의 교묘하고 부정적인 태도가 내 영혼에 영향을 미쳐, 그리스도의 자비로운 은혜를 누리지 못하도록 가로막았다.

첫째로, 나는 다른 사람들을 대할 때 매우 참을성이 없었다.

둘째로, 이것은 가끔 동료들을 비판하는 성급한 성질로 나타났다.

셋째로, 나는 동료들을 자비롭게 대하지도 않았고, 공정하게 대하지도 않았다.

사실 나는 점점 입지를 다지고 있는 것처럼 보였지만, 다시 말해 온 세상을 다 차지하는 것처럼 보였지만 동시에 나는 내 영혼을 잃어 가고 있었다.

나는 좀 더 엄숙한 시간들을 보내면서 이 문제에 대하여 후회하고 깊이 반성했다. 확실히 나는 자비로운 사람은 아니었다. 하나님이 나에게 그렇게 아낌없이 베푸신 자비는 내 주위 사람들에게 전달되지 않았다.

험난한 길을 걷느라 피곤에 지친 다른 여행자들은 그렇게 서두르며 빨리 걷는 나에게서 많은 보살핌이나 많은 동정, 관심, 자비를 거의 받아 보지 못했다. 그러나 이상하게 들릴지 모르지만 주님은 이와 같이 여러 번 강조하여 말씀하셨다. "내가 긍휼을 원하고 제사를 원하지 아니하노라 하신 뜻이 무엇인지 배우라"(마 9:13, 12:7).

우리 시대의 많은 사람처럼 나는 너무 바빴다.
너무 정신이 팔려 있었고, 너무 서둘렀으며, 너무 일에만 매달렸다.
그 일을 끝내려고 지나치게 열심을 냈다.
그래서 도중에 다른 사람들에게 자비를 베풀지 못했다.

"서두르고 서두르면 복이 깃들지 않는다." 이것은 사람들은 물론, 하나님이나 나 자신에게도 마찬가지다.

나는 나 자신과 나의 일, 매일의 삶의 속도를 어떻게 조절해야 하는지 그 방법도 모르면서 계속 돌진하며 밀어붙였다.

그런데 그때 일이 터졌다. 아주 심각한 질병이 나를 덮친 것이다. 의심할 여지 없이 긴장과 스트레스로 가득한 내 생활 방식에 어느 정도 그 원인이 있었다.

병은 내 영혼을 위축시켰을 뿐만 아니라, 내 몸도 망가뜨렸다. 의사들은 내가 6개월도 채 살지 못할 것이라고 했다. 그 어떤 의술도 내 병을 고칠 수 없었다.

오직 한 가지 대안만이 남아 있었다.
그 치료법은 극단적인 방법일 것이다!

그것은 바로 속도를 낮추는 것이다.
줄어든 힘의 연약함에 맞추어 삶의 걸음걸이를 조절하는 것이다. 순간을 음미하는 방법을 배우는 것이다. 회복시키는 생명의 샘인 그리스도의 임재를 깊이 들이마시는 것이다. 회복하고 건강해질 시간을 가지는 것이다. 동정심과 긍휼히 여기는 마음으로 주위 사람들을 바라보는 것이다. 그리스도께서 내게 다가오시듯이, 고통당하는 사람들에게 시간을 내어 다가가는 것이다.

다른 사람들을 사랑하는 것은 인생에 있어서 최고의 선이며 중요한 목적이다. 그리고 온유하라! 이러한 것들이 내가 배운 교훈들이었다. 나는

"천천히 가는 사람이 더 멀리 간다!"라는 중국 속담에서 놀라운 진리를 발견할 수 있었다.

그 당시 나는 겨우 34세였다. 정말 갈 곳이 없었고, 미래도 없었고, 젊은 나이에 죽을 수밖에 없을 것 같았다.

오랜 세월 동안 이 황갈색 평원을 떠돌아다니던, 내가 사랑하는 마사이 부족 사람들이 광활한 아프리카 덤불 지역에 홀로 있던 나에게 다가와 친구가 되어 주었다.

그들은 아카시아 나무가 만발한 곳 아래에 있던 내 캠프로 살며시 찾아오곤 했다. 그들은 그늘에 조용히 앉아 그들의 시간과 삶을 나누고, 사랑을 나누어 주곤 했다.

그들은 먼저 성찰할 시간을 갖는 방법, 휴식 시간을 갖는 방법, 순간을 음미하며 보내는 방법을 나에게 가르쳐 주었다.

우리는 그들이 목마른 가축들을 데려와 물을 먹이는 샘물 곁에 조용히 앉아 있었다. 우리는 그들의 소와 양, 목초지, 가족, 유목민인 그들의 미래, 우리 하늘 아버지의 사랑과 돌보심에 대한 그들의 반응에 대하여 조용히 이야기를 나누었다.

그들은 내가 반드시 건강을 회복할 것이라고 거듭 말하며 나를 안심시켜 주었다. 그들은 측은히 여기는 자상한 마음으로 햇볕에 그을린 내 팔에 자기들의 손을 얹었다. 이 온화한 호의의 몸짓은 연약해진 내 몸이 아직 세상에서 많은 일을 해낼 수 있다는 것을 알려 주었다.

지친 내 얼굴을 들여다보는 그들의 눈은 새로운 희망으로 반짝거리고 있었다. 삶에서 새로운 모험을 즐길 수 있다는 기대감으로 우리는 함께 미소 짓고, 웃고 또 웃었다.

이렇게 순수한 영혼들, 아무런 가식이 없고 아주 진실한 영혼들과 함께 보낸 이 시간은 나의 영혼에 힘을 더해 주었다. 죽음의 문턱에 있던 사람에게 완전히 새로운 탄생의 시작이 되었던 것이다.

그 먼 옛날 먼지투성이인 평원에서, 나는 아버지 하나님이 나를 40년이나 더 살게 해주실 것이라고는 꿈도 꾸지 못했다. 그렇게 될 수 있었던 가장 큰 비결은 즐거운 날들을 만끽하기 위해 느릿한 걸음걸이로 사는 것이었다!

본질적으로 내가 얻은 교훈은 아주 오래전에 그리스도께서 친히 말씀하신 영원한 원리의 근본이 되는 진리였다.

"그러므로 내일 일을 위하여 염려하지 말라 내일 일은 내일이 염려할 것이요 한 날의 괴로움은 그날로 족하니라"(마 6:34).

이 개념을 평신도의 단순한 언어로 표현하자면 예수님이 이와 같이 말씀하신 것이다. "절대로 내일의 슬픔을 빌리지 말고, 내일의 문제를 오늘로 끌고 오지 말라."

그러나 우리 가운데 대부분은 그렇게 하고 있다!

우리는 알 수 없는 미래에 대해 초초해하고, 씩씩대며, 야단법석을 떤다. 벌어지지도 않은 내일의 어려움을 미리 상상하여 오늘로 끌고 온다. 그렇게 함으로 스트레스와 긴장으로 매일을 더럽혀 버린다. 우리 아버지께서는 절대로 우리가 그렇게 살기를 바라지 않으신다.

하나님은 우리가 하루씩 살도록 하셨다.
어제는 이미 지나갔고, 내일은 결코 오지 않을 수도 있다.
느릿한 걸음으로 음미할 수 있는 오늘만이 나의 날인 것이다.

무거운 짐에 시달리기에는 더없이 소중한 날이다.
그러기에 평온함과 강인함 가운데 누려야 한다.
가장 중요한 일을 먼저 하고, 사소한 일들은 미루어 두어도 된다.
대부분 시간이 지나면 잊히게 된다.

심도 있는 조사에 의하면, 우리가 미래에 대해 품는 모든 두려움과 불길한 예감 가운데 약 80퍼센트는 절대로 일어나지 않는다고 한다. 상황이 변하고, 사람도 변하고, 시간도 변한다. 이처럼 모든 것이 유동적이기에 우리의 두려움은 근거가 없는 것이다.

그러나 우리가 그리스도를 잠잠히 신뢰한다면, 우리 아버지를 조용히 믿고 의지한다면, 오늘을 음미할 수 있는 안식이 임할 것이다. 주님은 변함이 없으시기에 우리를 실망시키지 않으신다. 더구나 주님만이 내일 일을 모두 알고 계신다. 그러므로 나는 주님 안에서 기뻐한다. 모든 것이 다 잘되고 있다!

나는 때때로 이 원리를 '하루 단위로 사는 법을 배우기'라고 표현한다. 이렇게 하려면 신중하고 절제된 의지적인 행동이 필요하다. 우리 주변의 수많은 다른 목소리가 우리에게 이렇게 외치고 있기 때문이다.

"미래를 계획하라."

"내일을 위해 투자하라."

"노후 준비를 하라."

"만약의 일에 대비하라."

그러나 사람의 삶은 그 사람이 소유하고 있는 것에 달려 있지 않다. 나의 삶의 질은 내게 주어진 날들을 그리스도와 동행하면서 얼마나 음미하고 즐기느냐 하는 것으로 평가된다.

그리스도와 다른 사람들을 위하여 무엇을 했는가?

오늘 행한 영원한 가치가 있고 지속성 있는 행동은 무엇인가?

이 시간들을 풍요롭게 해준 영원한 사랑의 태도는 무엇인가?

하루를 시작하면서 신중하고 진실하게 그리스도께서 동행해 주시기를 구하면, 주님은 그분과 함께 기쁘고 선한 뜻을 가지고 하루를 보내는 방법을 분명히 가르쳐 주실 것이다.

주님은 소위 영적인 노력 같은 것을 항상 요구하시지는 않는다. 주님이 요구하시는 일은 정원을 가꾸거나, 설거지를 하거나, 심지어 성가신 청구

서를 처리하는 일처럼 단순하고 아주 일상적인 일이 될 수도 있다. 그러나 내 모든 삶에 주님이 함께하시므로, 주님이 나를 통하여 이루시는 모든 일이 거룩해지며 특별해지고 강력해질 수 있다.

성숙한 사람이 되어서야 나는 서두르지 않는 법을 배웠다.
꾸준하고 평온한 활동에 위대한 지혜가 담겨 있다.
우리가 저지르는 실수는 대부분 서두르는 데서 생긴다.
많은 후회는 우리의 조급함에서 비롯되는 것이다.

"하라카, 하라카, 하이나 바라카."

나는 하나님이 서두르지 않으신다는 것을 여러 번 깨달았다. 하나님은 시간을 두고 차분하게, 힘차게, 확실하게, 평온하게 움직이신다.
참으로 하나님이 나와 매일 교제하시면서 삶을 함께하신다면, 나도 역시 영혼의 힘과 심령의 평온함 가운데 이 소중한 시간을 누릴 수 있어야 한다. 주님이 지금 여기 계셔서 오늘 나와 함께하시기에 오늘은 소중한 날인 것이다.
이것은 우리 대부분이 놓치고 있는 매우 중요한 요점이다. 우리는 너무나 자주 '과제 끝내기', '일 마무리하기', '거래 성사시키기', '다음 활동으로 넘어가기'를 주된 목표로 삼는다. 이러한 것들이 우리의 압력밥솥 같은 생활 방식의 본질적인 부분이다.

우리는 목표 달성에만 너무 열중해 있어서, 목표에 도달하는 데 드는 시간이나 노력을 즐길 줄 모른다.

우리는 순간을 음미할 시간을 가지면서 삶을 천천히 살아가는 소소한 방법을 배우지 못했다. 놀라운 사실은 인생길을 가다가 영혼의 원기를 회복하기에 충분할 정도로 오래 멈춰 서 있는 사람이 실제로는 더 민첩하고, 더 생기가 넘치며, 더 높은 능률을 보여 준다는 점이다. 우리와 동행하시는 우리 아버지의 임재에 대한 예리한 감각이 삶을 자극하고 활기를 불어넣는 것이다.

내가 이 간단한 비결을 배우는 데에는 오랜 세월이 걸렸다. 하루를 보내는 동안 나는 여러 번 내게 주어진 일들을 의도적으로 제쳐두고 그날을 아름답게 장식해 주는 일상적인 대상들을 조용히 묵상하곤 한다. 그러한 것들은 우리 아버지의 너그러운 손으로부터 보내진 선물들이다. 길을 가면서 서두르느라 그 선물들을 무시할 것인가, 아니면 향유할 것인가?

어제 있었던 일이 예로 들기 좋겠다. 거실에 새 블라인드를 설치하기 위해 마을에서 기술자 한 사람이 왔다. 그 일은 긴장되고 스트레스를 주는 일이었다.

나는 여러 번 밖에 나와 내가 아주 사랑하는 야생 정원을 조용히 거닐었다. 노란 빛깔의 아름다운 야생 카나리아 한 쌍이 거기서 먹이를 찾고 있었다. 카나리아들을 보자 마음속에서 기쁨이 샘솟았다. 카나리아들의 방문이 나의 오전 시간을 더 밝고 아름답게 만들어 주었다.

'만일 블라인드가 기대에 못 미치면 어떻게 하지?', '블라인드가 정확하게 맞지 않으면 어떻게 하지?', '작업을 망쳤으면 어떻게 하지?' 이러한 염려들이 사라지지 않았음에도 어제는 아름다운 날이었다. 아침 시간에 큰 기쁨과 깊은 즐거움을 가져다준 한 쌍의 깃털 달린 친구들을 발견했기 때문이었다.

하나님은 절대적으로 지고하시고 전능하신 분이다. 궁극적으로 하나님이 언제나 승리하신다. 하나님의 빛은 그 어떤 어둠도 몰아내며, 그분의 놀라운 사랑은 절망도 무너뜨린다. 궁핍한 우리에게 평안을 가져다주는 것은 그러한 하나님의 임재하심이다. 하나님의 능력이 우리 영혼에 평온함의 힘을 가져다준다. 하나님의 순전하심이 세상 가운데 사는 우리의 삶에 위대한 소망을 불어넣는다. 그러므로 그리스도인은 삶을 고요한 시선으로 바라볼 수 있다. 큰 혼란 가운데서도 평안할 수 있으며 모든 일에서 소망을 발견할 수 있다. 인생길의 동반자이신 하나님과 갖는 깊은 교제는 우리 영혼에 평온과 확신과 힘을 가져다준다.

그리스도인의
영혼의 힘과
심령의 평온함

3
불편한 이웃들도
사랑하고 받아들이라

하나님은 나에게 관심을 갖고 계시는 만큼 다른 사람들에게도 관심을 갖고 계신다. 세상의 영원한 구주이신 그리스도께서는 나를 찾으셨던 것처럼, 내가 불편해하는 그 사람을 지속적인 긍휼과 너그러운 은혜로 찾고 계신다. 그러므로 우리에게는 내가 불편하다고 느끼는 사람들을 멸시하거나 경멸할 권리가 없다.

대부분의 사람들은 삶의 어느 순간에 우리 영혼이 겪게 되는 많은 스트레스가 어색하고 불편한 사람들 때문에 온다는 것을 깨닫게 된다. 내가 나쁜 사람이나 악한 사람이라고 하지 않고 '불편한 사람'이라고 표현한 게 보일 것이다. 그런 사람들은 이런저런 이유로 우리와 확연하게 달라서 받아들이기 어려워 보이는 사람들이다.

사람들 사이에 존재하는 차이점들은 너무나 많고 다양하고 심오해서, 여기서 그 차이점을 모두 열거하려면 몇 페이지나 필요할 것이다. 그러나 여기서는 사람들에게 가장 큰 문제를 일으키고 있다고 여겨지는 몇 가지 차이점들만 지적해 볼까 한다. 분명히 이 차이점들은 우리의 영혼을 소외시키고, 종종 우리 사회의 구조를 분열시키기도 한다.

흑인, 백인, 황인 등의 인종 차별, 문화적 전통의 차이, 서로 반대되는 강한 정치 철학, 다양한 지적 수준, 가진 자와 못 가진 자의 빈부 차이, 영적인 성향과 물질적인 성향, 예의 바르고 정중한 사람과 거칠고 무례한 사람, 이기적인 사람과 기꺼이 남을 섬기는 사람 등 차이점에 대한 항목들은 계속 나열할 수 있다.

그러나 우리가 당면하게 되는 사실은 그저 우리가 모두 같지 않다는 것이다. 우리는 출신, 배경, 교육, 습관, 인생관, 목표와 포부, 확신, 성격, 행동, 화법이 다 다르다.

이런 다양한 차이 때문에 우리는 종종 다른 사람들을 까다롭다거나, 자신과는 전혀 다르다거나, 좀 어색하고 불편하다고 느낀다. 우리가 항상 그들을 있는 그대로 받아들일 수 있는 것은 아니다. 우리는 때때로 그들을 의심하고 두려워하기도 하며, 심지어 화를 내기도 한다.

우리는 자신을 보호하기 위해 여러 가지 전략을 쓰기도 한다. 그런 사람들과 관계를 완전히 끊어버리거나 멀리한다. 할 수만 있다면 그들을 그들의 자리에 그대로 있게 한다. 이것을 흔히 '차별'이라고 부른다. 심지어 집단적으로든 개인적으로든 힘으로 억누르거나 굴복시키는 지경까지 갈 수도 있다. 이것은 그들을 억제하려는 시도다. 결국 그 끝은 대립과 노골적인 갈등이다.

위의 이야기는 금세기에 우리가 유럽의 독일인과 유대인 사이에서, 남아프리카의 흑인과 백인 사이에서 목격한 끔찍한 고통에만 해당되는 것이 아니다. 이러한 일은 우리 개인의 삶에서 우리와 이웃 사이에, 나와 직장 동료 사이에, 내 삶에서 마주치거나 내 삶에 끼어드는 명백히 불편한 사람과의 사이에서도 일어나는 문제다.

이러한 이유로 예수 그리스도께서는 "삶에서 가장 중요한 것이 무엇입니까?"라는 질문을 받으셨을 때 첫째로 가장 중요한 것은 하나님을 사랑하는 것이며, 그다음은 우리의 이웃, 즉 아주 불편한 사람일지라도 그들을 사랑하는 것이라고 주장하셨다.

그러나 우리는 대부분 그렇게 하지 않는다.
우리는 하나님이나 사람을 받아들이는 방법을 모른다.
어떻게 시작해야 하는지조차도 모른다.
이것이 내가 이 장의 내용을 집필한 이유다.

고생해서 교훈을 얻기 전까지는 나도 어떻게 해야 할지 몰랐다. 먼저 내가 어떻게 성장했는지 그 배경을 조금 이야기해 보겠다. 그런 다음 불편한 사람들을 받아들이기 위해 내가 겪어야 했던 고통과 비애를 생생하게 묘사해 보고자 한다. 아마 나의 이러한 경험담은 당신의 영혼에 큰 힘을 더해 주고, 당신의 심령에 새로운 소망을 가져다줄 것이다.

어린 시절, 우리 집 주위에 있는 집들은 짚을 이어 만든 초가지붕의 집들이었다. 그 집에서 살고 있는 수많은 흑인 아이들 사이에서 나는 유일한 백인 아이로 자랐다. 가젤처럼 빠르고 표범처럼 날쌘 아프리카 아이들이 내 유일한 놀이 친구였다.

그 아이들은 거의 모든 시합에서 나보다 더 빨리 달리고, 더 잘 올라가고, 더 멀리 던졌다. 나는 우리가 아주 다르고 뚜렷하게 차이가 나며, 그 무리에서 이상한 사람이 바로 나라는 것을 금세 깨닫게 되었다.

나는 미국계라는 이유로 다소 어린 나이에 기숙 학교에 갔다. 그런데 나는 그곳에서 소외를 당하기 일쑤였다. 특히 고등학교에서는 단순히 내가 '양키'(Yankee)라는 이유로 영국 남자아이들이 나를 때리며 놀려 대곤 했다. 여기서 벗어나려면 격렬하게 싸우는 방법밖에 없어 보였다.

이후에 나는 인생을 살면서 유럽인들이 아프리카인들을 어떻게 학대했는지, 인도인들이 자기들이 고용한 원주민들을 어떻게 착취했는지 알게 되었고 온몸에 소름이 끼치는 경험을 했다.

물론 세계 곳곳을 여행 다니면서도 거의 모든 곳에서 갈등과 분노에 찬 차별에 부딪히곤 했다. 이것은 사실 서로 다른 국가나 인종, 문화, 철학이 함께 어울리는 문제일 뿐 아니라, 더욱 중요하게는 개개인이 다른 사람을 서로 받아들이는 문제라고 할 수 있다.

나는 이 모든 문제에 대해 많은 시간을 들여 깊이 생각해 보았다. 어색한 이웃조차 받아들이지도 못하면서 늘 '세계 평화', 즉 '인간의 형제애'나 '만민 평등'에 대해 외치는 우리 대부분의 모습이 나에게는 철저한 위선으로 보였다.

경건한 체하는 이러한 상투적인 말들은 답이 아니다.

서로에 대한 사랑을 법으로 정하는 것은 불가능한 일이다.
어쨌든 필요한 것은 다른 사람들에 대해 새로운 시각을 갖는 것이다.

이것은 내가 어렵고, 고통스럽게, 오랜 세월에 걸쳐서 배운 교훈이다.

끊임없이 대립하면서 인생을 즐길 수는 없다.
영혼에 힘이 있고 심령에 평온을 누리려면
불편한 관계에 있는 사람들을 받아들여야만 한다.
그러나 어떻게 그렇게 할 수 있을까?

연기하거나, 가식적으로 대하거나, 거짓으로 꾸미지 않고 어떻게 불편한 사람을 사랑하는 방법을 배울 수 있을까?
과연 그들의 애정과 신의를 얻을 수 있는 방법이 있을까?

내가 힘겹게 배운 첫 번째 교훈은 27세의 젊은 나이에 처음 소유했던 목장을 통해서였다. 당시 나는 바로 길 건너에 있는 가장 가까운 이웃에 대해 까다롭고 거칠며 개척자 타입의 사람이니 조심하라는 경고를 받았었다.

그는 문자 그대로 외톨이였다. 굳센 결단력과 강철 같은 근육, 예리한 판단력으로 혼자서 덤불숲에 집을 지은 사람이었다. 그는 자기 손으로 지은 그 허름한 통나무집에 살면서 고철로 연장을 직접 만들기도 했다. 갑자기 찾아오는 사람들을 반기지 않았고, 모든 외부인을 강한 의심과 불신의 눈으로 바라보았다.

우리의 첫 만남은 그의 소들 때문에 이루어졌다. 그의 소들은 계속 허술한 울타리를 뚫고 내 땅에 들어와 풀을 뜯어 먹었다. 나는 화를 내거나 질책하지 않고 몇 번이나 소들을 돌려보냈다. 그 대신 우리가 만났던 짧은 시간을 이용해 대화를 나누고, 그가 최근에 계획하고 있는 일이 무엇인지 물었다. 나는 점차 그가 가장 좋아하는 일이 낡은 엔진을 수리하고 다시 조립하는 것이라는 사실을 알게 되었다.

그 사건 후 얼마 지나지 않아서 내 트랙터가 고장이 났다. 기계를 잘 모르는 나는 그에게 가서 트랙터를 고칠 수 있는지 물어보기로 했다. 그러나 예기치 못한 나의 방문에 그가 어떤 반응을 보일지 전혀 알 수 없어서 망설였고, 그 일에 대해 자신도 없었다.

그런데 그의 반응은 나를 깜짝 놀라게 했다. 그는 재빨리 렌치와 드라이버, 다른 연장들을 공구함에 챙기고는 투덜거리며 "갑시다!"라고 했다. 그는 밤늦게까지 내 트랙터를 수리해 주었다. 자정 무렵에 마침내 트랙터는 굉음을 내며 다시 움직였고, 전속력으로 매끄럽게 달릴 수 있게 되었다. 나는 처음으로 그의 투박한 얼굴에 미소가 가득한 것을 보았다.

그는 기름과 윤활유를 묻힌 채로 우리 집에 들어와 함께 커피를 마시고, 따끈한 스콘을 우적우적 먹었다. 우리 사이에 우정의 가교가 놓이게 되었다. 그에 대한 나의 존경심과, 다른 사람들에게 필요한 사람이 되고 받아들여지기를 바라는 그의 갈망이 그 다리를 만들어 냈다.

내가 두 번째로 얻은 엄중한 교훈은 그로부터 약 12년 후의 일이었다. 나는 험준한 산악 지역 높은 곳에 위치한 커다란 목장을 구입했다. 내 소유지의 삼면은 모두 인디언들의 땅이었다.

다시 한 번 나는 내 이웃들 대부분이 거의 술독에 빠져 지내거나 마을 주위를 어슬렁거리거나 야생마들을 물리치는 데 시간을 보내는 무기력한 사람들이라는 경고를 받았다.

이때 나는 먼젓번 목장의 경우와 반대 상황에 놓여 있었다. 나무 아래의 텐트 두 개를 집으로 삼았다가 나중에 허름한 통나무 오두막으로 이사했기 때문이다. 생활하기 적합하도록 고치는 데 끈기와 고된 노력이 필요했던 집이었다.

어느 날, 건장하고 민첩한 잘생긴 인디언 두 명이 조랑말을 타고 오솔길을 따라 내려오더니 우리 집 문 앞에 내려섰다. 겨울이 오기 전 낡은 오두막 벽의 갈라진 틈새를 메우느라고 정신이 없을 때였다.

그들은 온화하고 정중한 어조로 자신들을 소개했다. 한 사람은 우리 집 바로 너머 골짜기에 사는 족장이었다. 또 한 사람은 울타리 바로 건너편에 사는 가장 가까운 이웃이었다. 내가 오두막을 손보는 것을 본 그들은 아주 기뻐하면서 그 오두막의 긴 역사와 거기 살았던 사람들, 그 지역에 사는 자기 부족의 전통을 자세히 이야기해 주었다.

그 일을 계기로 그들은 나를 자주 방문하였다. 그 인디언들은 나를 거의 자기들의 일원으로 받아들여 주었다. 우리는 곰과 사슴, 거위, 코요테와 야생 생활의 모든 것에 대하여 즐겁게 대화하며 시간을 보내곤 했다. 우리는 점차 서로를 존중하고, 고마워하며, 신뢰하고, 서로를 필요로 하게 되었다.

한번은 내가 없는 동안 걷잡을 수 없는 산불이 나서 내 소유지를 태울 뻔한 적이 있었다. 그들은 큰 위험을 무릅쓰고 나가서 불을 끄고 그곳 전체를 구해 주기도 했다. 또 한번은 내가 해외에 있는 동안 힘 있는 사람들이 내 소유지를 가로질러 송전선 설치를 하려고 했던 적이 있었다. 그때 인디언들은 모두 자발적으로 나서서 두려워하지 않고 그들과 맞섰다. 결국 인디언들은 그 회사로 하여금 장비를 철수하게 했고, 내가 돌아올 때까지 기다리게 만들었다.

사실 우리는 다른 문화의 사람들이지만 서로 형제가 되었다!

30여 년이 지난 지금까지 이 소중한 사람들은 우리 길을 지나갈 때마다 활기차게 인사하며 분위기를 밝게 만들어 준다. 그러나 몇 년 전에는 그들은 불편하고 대하기 어려운 사람들로 보였다.

놀랍게도, 그 후 오랜 세월 동안 북쪽으로는 브리티시컬럼비아와 남쪽으로는 텍사스처럼 멀리 떨어져 있는 곳에서도 인디언들은 내 귀에 조용히 속삭이고 있다. "당신은 정말 우리 중 하나예요."라고 말이다.

한때 나와 관계가 멀었던 사람들에게서 얻는 보기 드문 영예인 것이다.

그러므로 다시 이와 같은 질문을 해봐야 한다. "불편한 관계의 사람들을 받아들일 수 있는 방법은 무엇일까?"

거기에는 몇 가지 구체적인 비결이 있다.

첫째, 사람들의 겉으로 보이는 모습이 항상 그들의 있는 그대로의 모습은 아니다. 복장과 행동거지, 그들이 거리를 두는 태도는 겉모습에 불과할 뿐이다. 가장 따뜻한 사람들 중에는 거친 작업복만 입는 사람도 있다. 가장 상냥한 사람들 중에는 꾀죄죄한 옷 한 벌 외에는 가진 것이 없는 사람도 있다. 한때 낯선 이일 뿐이었던 사람들도 가장 친한 친구가 될 수 있다.

둘째, 지위의 고하를 막론하고 사람들은 모두 개인적인 열정을 갖고 있다. 그 열정이 내일의 생존을 위해 음식을 찾는 정도의 기본적인 것일 수도 있고, 훌륭한 도자기를 수집하는 것과 같은 색다른 것일 수도 있다. 그러나 그들이 인생에서 무엇을 사랑하는지 조용히 알아보는 시간을 가지면, 우리를 갈라놓는 그 틈새에 사랑과 관심의 다리를 놓는 것이 가능해진다.

셋째, 이렇게 하는 것은 실제로 내가 그들에 대해서 관심을 갖고 있다는 사실을 보여 준다. 겉모습 이면에 있는 것을 알아 내기 위해서는 시간과 생각, 세심한 주의가 필요하기 때문이다. 그리고 놀랍게 여길 수도 있겠지만, 그 이면에는 그 사람 자신의 자존감과 내면의 존엄이 놓여 있다.

넷째, 가장 대하기 까다로운 사람들일지라도 그들에게는 존중 받기 원하는 마음이 있다. 그들은 그들의 어색한 행동 때문에 너무나 자주 멸시를 받기도 하고, 거절 당하기도 한다. 그러나 그 거친 행동의 이면에는 인정받기를 갈망하는 영혼이 자리잡고 있다.

여기서 다시 한 번 내 이야기를 하자면, 나도 그런 사람들 가운데 하나였다. 어린 시절부터 성인이 될 때까지, 그리고 그 이후에도 나는 거의 사교적이지 않은 사람으로 여겨졌다. 대부분의 사람들은 나를 억세고 거칠며 다루기 까다로운 사람으로 보았다. 나를 사회에 적응하지 못하는 사람으로 여긴 것이다.

하나님을 알고자 하는 내 영혼 깊은 곳의 열정이나, 그저 누군가에게 받아들여지기를 바라는 내 영의 강렬한 갈망을 알아보려고 했던 사람들이 거의 없었다. 그러나 내 아버지이신 하나님은 그렇게 하셨다. 내 친구이신 그리스도께서도 그렇게 하셨다. 하나님의 은혜로우신 성령께서도 그렇게 하셨다. 하나님의 손길 때문에 나는 완전한 절망에서 구원을 받아 풍성한 기쁨이 넘치는 삶을 누리게 되었다.

다섯째, 근본적으로 이것이 바로 우리 각 사람이 참으로 깨달아야 할 점이다. 하나님, 바로 하나님이 나에게 관심을 갖고 계시는 만큼 다른 사람들에게도 관심을 갖고 계신다. 세상의 영원한 구주이신 그리스도께서는 나를 찾으셨던 것처럼, 내가 불편해하는 그 사람을 지속적인 긍휼과 너그러운 은혜로 찾고 계신다.

이러한 이유로 나에게는 내가 불편하다고 느끼는 사람들을 멸시하거나 경멸할 권리가 없다. 내가 그들의 행동을 미워할 수도 있을 것이다. 그러나 그 가련한 행동 아래에는 우리 아버지께서 친히 가족 삼기를 간절히 원하시는 영혼이 깊숙이 묻혀 있다.

여섯째, 그리스도인들은 '사랑의 하나님'에 대해서 많은 이야기를 한다. 멸망해 가는 세상에서 그 사랑을 나타내 보이기를 원한다면 두 가지 방법으로만 가능하다. 첫째는, 그리스도의 명령에 잠잠히 순종하는 것이다. 둘째는, 하나님이 이미 그들 안에서 일하고 계시는 사람들인, 우리 주변의 대하기 어렵고 불편한 사람들을 받아들이는 것이다. 하나님 아버지께서 내 안에서 그리스도를 보시듯이, 우리는 그들 안에서 하나님을 보게 되는 것이다.

일곱째, 내 영혼에 힘을 가져다준 것은 바로 불편한 사람들에 대한 이런 새로운 시각이다. 나는 그 사람들을 적대자로 보지 않는다. 하나님의 돌보심 가운데 자신의 가치를 찾고 있는 잃어버린 자들로 본다. 그들은 내가 그들을 그렇게 바라본다는 것을 모를 수도 있다. 그래도 나는 그런 시선으로 그들을 바라본다. 그리고 그 안에는 그들이 주님을 만나도록 인도하는 위대한 모험과도 같은 일이 놓여 있다. 주님이 그렇게 하시기 때문에 나도 그렇게 할 수 있다!

4
역경 가운데서도 주님은
우리의 행복을 마련해 두신다

우리는 일이 순조로울 때만 그리스도께서 우리와 동행하신다고 생각하는 경향이 많다. 사망의 음침한 골짜기를 지날 때에도 주님이 우리와 함께하신다는 것을 깨닫지 못한다. 우리는 때때로 적들을 맞닥뜨릴 때 버림받았다고 느끼기도 한다. 그러나 그 고통스러운 순간에도 우리를 인도하시는 분은 주님이시다.

인생에는 밝은 면이 있다.
우리의 삶이라는 태피스트리는 축복으로 수놓여 있다.
모든 것이 다 어둡지만은 않다.
우리가 할 일은 인생에서 밝은 면을 찾는 것이다.
그러나 어떻게 찾을 수 있을까?

혼돈과 혼란으로 가득 차 있는 이 세상 속에서 어떻게 축하하고 응원할 만한 것을 찾을 수 있을까? 타락한 우리 시대의 끝없이 깊어지는 어둠과 절망 속에서 우리는 어디에서 희망과 도움을 발견할 수 있을까? 썩어 가는 세상에서 빛과 사랑, 웃음을 발견할 수 있는 방법들이 있을까?

그에 대한 답을 간단히 하자면 "그렇다!"이다.

삶의 밝은 면을 발견하기 위해 신중한 결정을 내리는 일은 어느 정도 자기 훈련을 필요로 한다. 그 일에는 삶의 길에서 그리스도와 개인적으로 갖는 친밀한 교제를 발전시켜 나가는 게 필요하다. 또한 우리 아버지의 돌보심 가운데 고요히 안식하는 평온하고 확신에 찬 믿음, 영혼 속에 새로운 희망을 싹트게 하는 믿음을 요구한다.

나는 이 주제를 단순화하기 위해 이 세 가지 활동을 하나씩 다룰 예정이다. 그러나 사실 이 세 가지는 세 가닥으로 이루어진 팽팽하게 땋은 밧줄처럼 서로 밀접하게 얽혀 있다.

그러나 먼저 짚고 넘어가야 할 부분이 있다. 그것은 바로 인생은 고통의 분배에 있어서 언제나 공평하지는 않다는 사실이다. 실제로 어떤 사람들은 출생이나 사회적 지위, 지리적 위치나 운 좋게 찾아온 기회 덕분에 세상에서 아주 안락하게 불편함을 거의 모르고 살아가고 있는 것처럼 보인다. 이와 극명하게 대조적으로 어떤 사람들은 고통과 가난, 끊임없는 고생을 견뎌 내며 살아간다.

나는 거의 모든 다양한 유형의 사회에서 생활하고, 일하고, 삶을 경험해 왔기 때문에 여기에 제시하는 것은 모든 사람에게 다 적용된다고 말할 수 있다. 이것들은 삶에 기쁨을 안겨 줄 수 있는, 깊이 있고 변함없는 원리들이다.

우리 현대인들 가운데 많은 사람은 도시 생활을 하고 있기 때문에 사실상 지구의 환경과 접촉하지 못하고 있다. 예를 들어, 충격적인 사실은 미국인의 80퍼센트가 실제로 차지하고 있는 땅이 미국 영토의 2퍼센트에 불과하다는 것이다. 이것은 수많은 사람이 혼잡한 대도시에 답답하게 북적거리며 살고 있음을 의미한다.

인간의 창의력에 의해 고안되고, 설계되고, 건설된 이 도시 환경 가운데서 인류는 들판과 숲, 시냇가, 탁 트인 공간이 주는 부드러운 위안, 고독과 고요함이 주는 치유의 혜택과는 단절되어 있다.

그 대신 사람들은 포장된 거리, 시끄러운 자동차 소리, 벽돌로 된 담, 지역 사회의 끊임없는 소음과 혼란이 가득한 끔찍한 세상으로 몰려들고 있다. 사람들이 난동과 범죄, 폭력을 저지르는 것은 전혀 놀라운 일이 아니다. 사람들이 환경을 오염시키거나, 필요한 경우 환경 파괴의 불꽃에 불을 붙이지 못하게 막을 수 있는 것은 단지 일자리나 월급의 문제만은 아니다. 이것은 많은 도시가 그곳에 모여드는 사람들에게 사실상 끔찍한 지옥이 되었기 때문에 일어나는 현상이다.

우리의 문화는 조잡하고 매우 부패했다. 이는 사람들이 작곡하는 음란한 노래와 추잡한 발라드 노래에 노골적으로 나타나고 있다. 그것은 우리의 타락한 실상을 표현하는 혐오스러운 예술로 드러난다. 상스러운 TV 프로그램에서, 외설적인 문학 작품에서, 무너진 사회 풍습에서 분명하게 볼 수 있다.

따라서 "현대 사회의 이 모든 혼란과 광란 속에서 어떻게 해야 삶의 밝은 면을 발견할 수 있을까?"라고 묻는 것은 어쩌면 당연한 일이다. 앞에서 언급했듯이, 이 질문에 대한 대답은 어느 정도 자기 훈련이 필요하다는 것이다. 햇빛, 탁 트인 하늘, 약간의 풀, 우람한 나무들, 새소리가 있는, 영혼에 위안을 줄 수 있는 장소를 조용히 의도적으로 찾아내겠다는 확고한 결심이 필요하다.

젊은 시절에 나는 첫 직장 때문에 어쩔 수 없이 서부 해안의 대도시에서 살았다. 그 회사의 본사는 도시에서 가장 열악한 곳에 위치하고 있었다. 끝없는 철로가 사방으로 이어져 있었고, 열차는 밤낮으로 선로를 바꾸고 덜컹거리며 쿵쾅댔다. 이미 안개와 스모그로 뒤덮인 우중충한 구름 속으로 수많은 공장이 연기와 증기, 화학 오염 물질을 뿜어냈다. 나는 쇠와 콘크리트, 굉음이 가득한 비참한 세상으로 들어가 살았던 것이다.

때때로 나는 그 세상이 내 정신을 망가뜨리고 나의 마음을 흐트러뜨리지 않을까 하는 생각이 들었다. 그러던 어느 날, 순전히 우연한 기회에 작은 잔디밭을 발견하게 되었다.

그 끔찍한 공기 속에서 어찌어찌 살아남은 튼튼한 나무들이 잔디밭의 삼면을 둘러싸고 있었다. 나무들의 몸통과 가지가 도시의 먼지로 새까맣게 물들어 있었지만, 여전히 힘차게 잎사귀를 달고 있었고, 인간이 만든 이 지옥 구덩이 가운데서 그 초록색 덮개는 마치 하나님의 은혜의 손길과도 같았다.

더 놀라운 것은 그곳에는 자그마한 장미꽃밭이 조성되어 있었다는 것이다. 신기하게도 장미들도 그 어두컴컴한 곳에서 용케 꽃을 피워 냈다. 그 장미들이 나에게 얼마나 소중했던지 나는 점심시간에 그곳에서 샌드 위치를 먹곤 했다. 나는 애정을 갖고 손끝으로 그 잎사귀들을 느끼기도 했고, 부드러운 꽃잎들을 어루만지기도 했고, 꽃들의 향기를 맡아 보기도 했다.

풀과 나무와 장미꽃이 있는 그 작은 피난처는 내 답답한 삶에서 밝은 면이 되어 주었다. 그러나 그 평화로운 장소에서 소중한 순간을 보내기 위해서는 시간과 노력, 많은 생각과 매일의 훈련이 필요했다.

우리의 영혼에 위안을 주고 심령에 행복감을 주는 것은 보통 평범한 것에서 비롯되는 경우가 많다. "구하라 그리하면 너희에게 주실 것이요 찾으라 그리하면 찾아낼 것이요 문을 두드리라 그리하면 너희에게 열릴 것이니"(마 7:7)라고 하셨을 때 그리스도께서 하신 말씀의 의미가 바로 그 것이다.

깜짝 놀랄 만한 뭔가를 통해 구하라는 것이 아니다. 단순한 것에서 영혼의 힘을 구하라는 것이다.

서구 세계에 사는 우리는, 영감이나 영혼의 위안을 얻기 위해서는 선풍적이거나 극적인 어떤 일을 경험해야 한다는 잘못된 생각에 사로잡혀 있다. 우리는 대부분 '빅 쇼'(big show)에 매료된다. 연예계나 교회, 정치계, 스포츠계, 대기업, 우리 자신의 삶, 그 어디서나 마찬가지다.

그러나 큰 것이 언제나 아름다운 것은 아니다. 만일 우리가 삶의 밝은 면을 볼 준비가 되어 있고 기꺼이 보려고 한다면, 우리의 가장 소중한 기억 가운데 일부는 아주 작은 만남에서부터 생겨날 것이다.

어제가 바로 그런 대표적인 경우였다. 나는 꽤 악명 높은 행사가 된 지역 로데오 대회에 친구를 초대했다. 그러나 친구는 그 대회에 갈 수 없었다. 나의 아내 우르줄라와 친구의 아내는 함께 쇼핑을 할 예정이었는데, 그녀 역시 올 수 없게 되어 버렸다.

그래서 나는 이른 아침에 QT 시간을 가진 후, 그 대신에 잘 알려져 있지 않지만 내가 좋아하는 계곡에서 평안하고 고요한 시간을 보내자고 우르줄라에게 제안하고 싶은 마음이 들었다.

계곡에 가는 도중에 우리는 소포를 부치기 위해 잠시 어느 작은 마을을 거쳐갔다. 내가 우르줄라를 기다리며 나무 그늘에서 어슬렁거리고 있는데, 어떤 차 한 대가 내 옆에 멈춰 섰다.

그 차에서 어떤 연로한 부인이 내렸다. 그녀는 따뜻한 미소를 지으며 자기소개를 하고는 내게 악수를 청했다. "아마 저를 기억하지 못하실 거예요. 저는 몇 달 전에 선생님의 강의를 들으러 갔었어요. 그 강의가 제 삶에 얼마나 큰 영향을 주었는지 몰라요. 당신은 그리스도를 위해서 정말로 용기 있는 분 같아요." 그녀는 햇볕에 그을린 내 팔을 부드럽게 잡더니 반짝이는 눈으로 내 얼굴을 유심히 바라보면서 이렇게 말했다. "절대로 낙심하지 마세요. 지금처럼 하나님을 위해 언제나 용기 내시기를 바랍니다."

오, 그분이 얼마나 나에게 큰 영혼의 힘을 주었는지 모른다. 그것은 전혀 계획하지 않았던, 평온한 날의 밝은 면이었다.

30분 후에 우르줄라와 나는 내가 사랑하는 높은 계곡의 아주 고요한 곳에서 조용히 산책을 하고 있었다. 사방에는 울퉁불퉁한 봉우리들이 솟아 있었다. 공기에 향긋한 쑥 내음이 감돌고 있었고, 멀리서 참새가 지저귀는 소리도 들렸다. 우르줄라가 속삭였다. "정말 고요하네요!" 아내의 이러한 반응은 나에게 또 하나의 밝은 면이었다!

실제로 우리는 밝은 면을 찾고 구해야 한다. 그리고 그 밝은 면을 찾았을 때 우리 자신도 그것에 의해 놀라기도 해야 한다. 우리는 은혜로우신 성령을 통해 부드럽게 인도하시는 그리스도와 동행하면서, 어려운 상황에서도 순수한 평온과 영혼의 힘을 찾을 수 있다는 것을 마음에 새겨야 한다.

간단한 예를 들어 보겠다. 우리 집에 있는 복잡한 전기 장치 하나가 오작동하기 시작했다. 기계에 일가견이 있는 여러 친구가 와서 그 장치를 수리하는 친절을 베풀었지만, 그 기계의 상태는 오히려 더 나빠졌다.

결국 자포자기한 우리는 전문 수리공을 부르기로 했다. 수리비가 터무니없이 비싸다고 여겨졌지만 말이다. 그는 다음날 오겠다고 약속했다. 우리는 온종일 집에서 기다렸다. 그러나 그는 나타나지 않았다. 못 오는 이유가 무엇인지 설명하기 위한 전화도 오지 않았다.

하루 정도 지난 후, 내가 아파서 침대에 누워 있는데 그가 예고도 없이 장치를 고치러 왔다. 다행히 바로 그때 우르줄라가 집에 돌아왔다. 그는 갑자기 무례한 태도로 장치 전체를 교체해야 한다며 우르줄라에게 퉁명스럽게 말했다. 그는 6일 후 오전 9시에 다시 방문하여 장치를 교체해 주기로 했다.

약속한 날 9시가 지났지만 그는 오지 않았다. 그러고는 결국 그는 그날 오전에 그 일을 할 수 없다고 전화로 알려 왔다. 그러나 오후 2시에는 꼭 오겠다고 장담했다.

우리는 다시 기다리고 기다렸다. 마침내 3시 40분경에 그의 트럭이 나타났다. 그러나 그는 그 차에 없었다.

이 모든 일을 겪으면서, 우리는 이 허무함과 좌절 속에서 우리가 어떤 밝은 면을 찾을 수 있을지를 고민했다. 나는 우르줄라에게 우리가 평정을 유지하고 있으면 우리 아버지께서 밝은 면을 보게 해주실 것이라고 말하며 그녀를 안심시켰다. 그리고 하나님은 정말로 그렇게 하셨다.

내가 밖으로 나가서 그 트럭에 다가가자, 내가 이제껏 만났던 수리공 가운데 가장 유쾌한 젊은 수리공이 인사를 했다. 그의 얼굴은 친절한 표정으로 빛나고 있었다. 그에게서는 선한 기운이 넘쳐흘렀다.

가장 중요한 것은 그는 아주 뛰어난 기술을 가진 대단히 유능한 수리공이었다는 점이다. 그는 몇 분만에 고장난 장치를 모두 교체했다. 그는 자신이 무엇을 해야 할지를 정확히 알고 있었다. 그는 한 시간도 안 되어 훨씬 더 튼튼하고 좋은 부품으로 장치 전체를 교체했다.

이제 그 장치는 완벽하게 작동했다! 그는 모든 부분을 세심하게 확인하고 재차 확인했다!

무엇보다 그는 내내 미소를 짓고 있었다. 우리도 마찬가지였다. 우리 아버지께서는 이 사랑스러운 젊은 기술자를 통해 우리에게 이중으로 복을 베푸셨다. 그는 우리에게 있어서 그 힘겹고 어려운 시간의 밝은 면이었다. 나는 우리가 좌절 가운데서도 우리의 감정에 굴복하지 않은 것이 너무나 기뻤다. 우리는 그 서비스 팀에 전화를 걸어 화를 내지도 않았고, 그들의 형편없는 서비스를 비난하지도 않았던 것이다.

밝은 면을 찾기 위해서는 우리 자신의 영혼을 자주 살펴볼 필요가 있다. 우리 자신의 평정과 너그러움, 다른 사람에 대한 내적 태도를 점검해 봐야 한다.

내 시선이 분노로 비뚤어져 있다면, 원망으로 뒤틀려 있다면, 불신으로 흐릿해져 있다면, 조급함으로 왜곡되어 있다면, 밝은 면을 볼 수 없을 것이다. 왜냐하면 나는 내 행동에 눈이 멀었기 때문이다.

이러한 이유로, 주님은 우리가 다른 사람을 도와주려 한다면 먼저 자기 눈에서 왜곡된 태도라는 들보를 빼내야만 한다고 말씀하신 것이다. 이것이 바로 삶의 어둡고 힘겨운 시간들을 장식해 주는 밝은 면을 우리가 볼 수 있는 유일한 방법이다.

우리 삶에는 우리가 하나님의 자녀로서 끊임없이 계발해야 할 차원이 있다. 그것은 바로 고통스러운 시기를 겪을 때에도 우리를 인도하시는 분은 하나님이라는 사실을 이해하는 것이다.

우리는 일이 순조로울 때만 그리스도께서 우리와 동행하신다고 생각하는 경향이 많다. 사망의 음침한 골짜기를 지날 때에도 주님이 우리와 함께하신다는 것을 깨닫지 못한다. 고통의 거센 불길 속에서도 주님이 함께하신다는 것을 자주 잊어버리곤 한다. 우리는 때때로 적들을 맞닥뜨릴 때 버림받았다고 느끼기도 한다.

그러나 그렇지 않다. 그것은 온갖 역경 가운데서도 주님이 우리의 행복을 마련해 두고 계시기 때문이다.

한마디로 말하자면 우리를 보호할 준비를 갖추고 임재하고 계시는 우리 아버지를 발견하는 것은, 사실 우리가 마주치는 모든 경험의 궁극적인 밝은 면을 발견하는 것이다.

나는 내 영혼에 이렇게 큰 힘을 주고, 내 심령에 이렇게 큰 기쁨을 주는 다른 인생관이 있다고 생각하지 않는다.

이것을 책의 한두 단락으로 설명하거나 입증할 수는 없다. 우리 아버지이신 하나님, 그리고 우리의 친구이신 그리스도와 친밀히 교제하는 삶을 살면서 매시간, 매해 배워야 한다. 주님의 발자취를 따르는 사람들에게 주님이 얼마나 신실하신지 깨닫게 되는 것은 주님과 함께하는 삶을 통해서만 가능하다.

하나님은 전적으로 신뢰할 만한 분이라는 것을 회의적인 사회에 선포하고 입증하기 위해 나는 『바람의 경이』(Wonder 'O the Wind), 『하늘가』(Sky Edge), 『아버지, 감사합니다』(Thank You, Father)와 같은 책을 썼다. 이 책들은 단순히 이론적인 논문 같은 책이 아니라, 매일 하나님의 임재를 직접 체험하는 데서 나온 훨씬 설득력 있는 글이 담긴 책이다.

실제로 좋은 일이든 나쁜 일이든 삶의 모든 일에서 하나님의 손길을 찾는 능력과 역량이 우리로 하여금 삶의 밝은 면을 발견할 수 있게 해준다. 이 훈련은 우리 영혼을 강하게 하고, 우리 심령에 감사의 불꽃이 일어나게 한다.

우리에게 베푸시는 하나님의 자비가 매일 아침 새롭다는 살아 있는 진리를 발견할 때 우리의 육신도 평안해질 것이다.

5
주님과 친밀하게 교제함으로
두려움 없이 세상에 맞서라

우리 영혼의 힘과 심령의 평온함은 그리스도에 대한 고요하면서도 흔들림 없는 확신에서 나온다. 우리는 현대 세계의 혼돈과 혼란 가운데서도 주님의 말씀으로 우리를 확실하고 안전하게 인도하시는, 은혜로운 성령의 더할 나위 없는 함께하심을 확신하고 있다..

오늘 아침, 나는 등산을 했다. 오전 5시부터 산을 오르기 시작했다. 내가 혼자 야영장을 떠났을 때는 새와 곰, 강물 속 비버들만이 깨어 있었다. 지난밤에 피웠던 모닥불의 잔불을 뒤적여 뜨거운 차 한 잔으로 몸을 녹인 다음, 그냥 느긋하게 여유를 즐기는 편이 훨씬, 훨씬 더 편했을 것이다.

인생도 이와 비슷하다.

어려운 선택.

힘겨운 도전.

빈둥거림과 절제 사이의 힘든 결정.

> 서구 세계에 사는 우리는 유약한 사람들이 되고 말았다.
> 우리는 자기만족을 누리는 데 푹 **빠져** 있다.
> 우리는 희생이 필요한 도전을 감수하는 것보다는
> 여가와 즐거움을 선호하는 경향이 있다.

어제 늦게 이곳에 텐트를 쳤을 때, 나는 이 웅장한 산을 처음 만났다. 이 지역은 나에게 생소한 곳이었다. 잠을 잤던 장소에서 얼마 떨어지지 않은 곳에 있는, 요란한 소리를 내며 흐르는 야생의 거친 강도 전혀 탐험해 본 적이 없는 곳이었다. 밤에 모닥불이 사그라들자 높은 산비탈에서 나를 부르는 듯한 코요테들의 소리도 들렸다. 그래서 나는 동트기 전에 하늘로 치솟은 높은 바위산 위로 올라가야겠다고 생각하면서 잠자리에 들었다.

그러나 내가 도전하려 했던 것은 단지 이 산뿐만은 아니었다.

전에 나는 완전히 고요한 장소를 발견하여 깊은 고독을 즐기기 위해, 그렇게 함으로 아버지 하나님과 온전히 홀로 있기 위해 일부러 가만히 광야에 들어간 적이 있었다. 소란하고 혼잡한 우리의 세계에서는 이것 역시 쉽지 않은 도전이었다.

여러 가지 이유로 내가 잘은 이해하지 못하지만, 그리스도께서는 성령을 통해 나에게 멸망해 가는 우리 지구에 대해 지대한 관심을 갖도록 하셨다. 가족을 갈라놓고, 공동체를 무너뜨리고, 사람들을 파멸에 몰아넣는 악과 타락의 파괴적인 세력이 내 영혼과 심령을 무겁게 짓누르고 있었다. 나는 깊은 중보 기도 가운데 하나님을 만나기 위해 이 산에 왔던 것이다.

하나님은 우리 같은 평범한 사람들을 부르셔서 세상 문화에 맞서라고, 그 고통스러운 도전을 감당하라고도 하신다. 나는 이러한 하나님의 신비한 방식에 대해서 잘 알지는 못한다. 또한 멸망해 가는 세상을 위해 하나님이 평범한 사람들을 찾으시는 이유도, 하나님의 아들이 당하신 고난에 그들이 동참할 수 있다고 생각하시는 이유도 짐작할 수가 없다.

내가 아는 것은, 동트기 전 어슴푸레한 가운데 출발할 때 나의 전 존재, 즉 내 몸과 영혼과 심령이 우리 세대와 이 시대를 긍휼히 여기는 마음으로 가득 차 있었다는 것이다. 뺨에 흐르는 눈물을 주체할 수가 없었다. 나는 슬프고 상한 심령으로 삼림 지대와 낮은 산비탈의 탁 트인 풀밭을 지나갔다.

나는 내가 기도의 능력을 이해한다고 주장하지 않겠다. 거룩한 주권자이신 하나님이 곤경에 처해 하나님께 부르짖는 우리를 귀하게 보시는 그 이유를 안다고도 주장하지 않겠다.

그러나 나는 하나님이, 오직 하나님만이 우리 영혼과 심령의 고통을 다 들으시고 온전히 이해하신다는 것을 알고 있다. 또한 하나님이 거듭 자신을 낮추셔서 나의 상한 마음과 통회하는 심령에 다가오신다는 것도 알고 있다.

아마도 하나님의 문제는 다른 사람을 치유하기 위해 기꺼이 상처와 아픔을 감수할 사람을 찾는 것일까? 나는 잘 모르기에 그것에 대해 어떤 말도 하지 못하겠다.

나무들 사이를 비집고 올라 고산 지대의 탁 트인 장관을 대하자 나의 시야가 넓어졌다. 또한 파멸로 치닫는 세상을 바라보는 내 시선의 범위도 넓어졌다. 성령께서 내 심령에서 망가진 세상에 대한 탄식을 자아내신다는 것이 이상하게 느껴졌다. 그것도 이렇게 장엄한 환경 가운데에서 말이다.

나는 왜 하나님이 모리아산에서 아브라함을 만나셨는지, 시내산에서 왜 모세를 만나셨는지, 갈멜산에서 왜 엘리야를 만나셨는지, 또한 변화산에서는 왜 친히 자신의 아들 그리스도를 만나셨는지 그 이유를 어렴풋이 알 것 같았다. 하나님과 함께하는 산 정상의 고요함, 고독함, 평온함에는 사람들을 변화시키는 무엇인가가 있는 것이다.

동이 트면서 쌀쌀하고 추웠지만 내 몸은 펄펄 끓는 용광로처럼 뜨거워졌다. 나는 너무 괴로워서 손을 들고 간구했다. 뜨겁게 간절히 기도하자 나에게서 힘이 솟아나는 것 같았다. 나는 큰 소리로 부르짖었다. "오 나의 아버지, 주님은 하늘의 모든 장엄한 만물의 주이십니다. 이 땅에서 영광을 받으소서!" 그리스도의 성령만이 내 깊은 고통을, 우리를 위해 온전히 간구하시는 그리스도께 온전히 전달하실 수 있었다.

그때 부드럽고 상쾌한 산바람이 불어와 내 머리와 얼굴을 간질였다. 그와 함께 잔잔하고도 고요한, 절대적인 확신이 나의 전 존재를 감쌌다. "애야, 내가 여기 있다. 나는 네 기도를 들었단다. 내가 세상 가운데에서 일하고 있다. 내가 모든 일을 결정지을 것이다."

나는 계속 산 위로 올라갔다. 이번에는 키 작은 풀들과 활짝 핀 고산지 꽃들이 산지의 빈터에 카펫처럼 깔려 있었다. 그 산에는 다른 사람의 발길이 닿았던 흔적이 하나도 없었다. 이렇게 평온하고 성스러운 곳에 내 신발이 닿는다는 것이 불경스럽게 느껴지기까지 했다. 나는 화초에 상처를 입히지 않으려고 돌이 드러난 곳이나 맨 바위만을 밟으며 살살 걸으려고 노력했다.

내 아래에는 거대하고 광활한 야생의 계곡이 멀리 있는 지도처럼 펼쳐져 있었다. 강은 거대한 활처럼 휘어져 꼬불꼬불 굽이치며, 광야를 가로질러 흘러가고 있었다. 그것은 마치 아름답고 풍요롭게 영원히 우리에게 흐르는 생명의 강, 하나님의 너그러운 은혜의 강 같았다. 인간이 가장 악한 일을 저지름에도 불구하고, 우리 아버지의 영원히 선하고 신실하신 배려는 타락한 인간에게로 계속 흘러들어 가고 있는 것이다.

나는 회색빛 화강암 정상에 홀로 서 있었다. "오 나의 하나님, 주님이 온 세상 가운데서 위대하심을 내가 다시금 깨닫게 하소서! 이 드넓은 산지의 장엄함 가운데서뿐 아니라, 도심의 혼란과 아수라장 가운데서도, 학교의 나쁜 환경 가운데서도, 술집과 바의 무서운 유혹 가운데서도, 우리의 문화와 상업의 무자비함 가운데서도 그렇게 하소서!"

영혼의 싸움이 그렇게 계속 이어졌다. 내 몸이 여러 시간 동안이나 그런 분투를 감당할 수 있었다는 것이 놀라웠다. 나는 의문이 들었다. '산 위에 있는 한 사람이 정말로 변화를 일으킬 수 있을까? 하나님은 전에도 그렇게 하셨어. 하나님은 또다시 그렇게 하실 수 있어!' 바로 그때 이러한 생각이 내 심령에 강력하게 밀려들었다. '세상에서 하나님이 하시는 일을 내가 온전히 이해한다는 것은 불가능한 일이야. 하나님은 나에게 하나님의 목적을 이해하라고 하지 않으셨어. 그저 하나님을 신실하게 따르라고 하셨을 뿐이지.'

나는 방향을 틀어서 산비탈을 내려가기 시작했다. 갑자기 산비둘기의 푸드덕거리는 날갯짓 소리가 들려 나는 화들짝 놀랐다. 그 산비둘기는 근처의 말라 죽은 나무에 내려앉았다. 그리고 두 번째 비둘기가 내 얼굴에서 불과 몇 피트 떨어진 곳에 있는, 새로 지은 둥지에서 날아올랐다.

'이런 외딴곳에서, 전혀 상상도 못한 곳에서 둥지를 튼 비둘기들을 발견하다니!' 하는 생각이 스쳐 지나갔다. 그리고 내 마음속에 곧바로 대답이 왔다. '이와 같이 나의 성령께서도 네가 전혀 불가능하다고 생각하는 곳에 거하고 있다!'

확신을 주는 그 말씀과 함께 큰 평온함이 나에게 임했다. 믿을 수 없을 정도의 평화가, 만질 수 있을 것만 같은 생생한 평화가 나를 감쌌다. 엄청난 평안이 내 영혼을 어루만져 주었다. 나의 전 존재에 힘이 흘러들어 와, 이제 나는 그리스도의 임재를 느끼고 누릴 수 있었다.

나는 노래를 부르기 시작했다. 나의 슬픔이 찬양과 기쁨으로 바뀌었던 것이다.

산을 절반쯤 내려왔을 때 나는 조용히 흐르는 물소리를 들었다. 바위 아래에서 수정처럼 맑은 샘물이 솟아나고 있었다. 나는 샘물 곁에 무릎을 꿇고 그 물을 여러 번 마셨다. 그러고는 그 시원한 물을 얼굴, 눈물로 얼룩진 눈가와 손에 끼얹었다. 새로워지고 회복된 나는 기쁨이 넘치는 마음으로 야영장에 돌아왔다.

하나님의 임재로부터 우리에게로 흐르는 물결, 영혼을 새롭게 하는 생명의 강이 있다. 오늘 나는 그 물을 깊이 마셨다. 나의 심령은 완전히 충만해졌고 영혼은 강건해졌다. 모든 것이 다 잘된 것이다.

독자들은 이러한 질문을 할 수도 있다. "우리 시대에 하나님의 부르심을 받은 사람들에 대한 이런 도전이 실제로 있는 곳은 어디인가?"

그 도전은 변화하고 있는 세상 가운데 있다. 변화하고 있는 문화 가운데 있다. 변화하고 있는 교회 가운데 있다. 우리 앞에는 그리스도의 진실한 제자라면 누구나 반드시 맞닥뜨려야 할 동일하고 강력한 도전이 놓여 있다.

"너희가 섬길 자를 오늘 택하라!"
"두 주인을 섬길 수 없으니 하나님을 택하든지, 재물을 택하든지 하라."
"너희는 나를 위하든지, 나를 대적하든지 둘 중 하나다."

수세기가 흘렀어도 하나님의 부르심은 변하지 않았다. 그 부르심은 여전히 지고한 부르심이며, 하나님께 순종하라는 고귀한 명령이요, 지옥을 향해 가는 사회와는 다른 길을 가라는 도전인 것이다.

우리 시대의 난관은 20세기 서구 사회의 기독교가 관용과 (음란을 포장한) 사랑이라는 구실 아래, 부패한 문화와 타협하려고 애써 왔다는 것이다.

관대한 우리 사회는 걱정하는 마음으로 우리 시대 사람들에게 맞서기보다, 그들과 거리낌 없이 지내는 것에 더 관심이 많다. 우리는 사람들을 영원한 위험에서 끌어내기보다, 어떤 대가를 치르더라도 평화를 유지하는 것을 더 선호한다.

우리는 그리스도의 제자들에게 우리 주님을 위한 개인적인 희생의 값비싼 대가를 치를 각오를 하라고 외치기보다, 인기를 얻고 미지근한 신자들로 예배당을 가득 채우는 쪽을 택하고 있다.

약 반세기 전에 토저(A. W. Tozer)는 이와 같이 큰 소리로 외쳤다.

"타락한 인간 본성의 더욱 추잡한 현상들이 이 세상 나라의 일부를 이루고 있습니다. 얄팍한 즐거움을 강조하는 오락 산업, 부자연스럽고 사악한 습관에 빠진 사람들의 호주머니를 털어서 일으킨 기업체, 정상적인 욕구를 왜곡시켜서 무절제하게 만드는 세속 문화가 끼리끼리 모여서 만든 소위 '상류 사회'라고 부르는 세상의 모습입니다. 이것들은 육을 기반으로 하여 생긴 것이기 때문에 언젠가 육과 함께 사멸할 것입니다. 그러므로 그리스도인들은 이런 것들을 피해야 합니다. 이런 데 동참해서는 안 됩니다. 두려움 없이, 타협도 없이 여기에 조용히 그러나 단호하게 맞서야 합니다!"

바로 거기에 우리가 맞서야 할 도전이 있다.

아주 간단히 말하자면, 내가 이야기하려는 것은 우리가 주변의 모든 변화와 혼란 속에서도 두려움 없이 사는 사람이 되어야 한다는 것이다. 우리는 무너져 가는 문명의 재앙을 외면하는 것이 아니라, 오히려 우리는 아버지에 대한 확고한 믿음으로 그 파멸의 한가운데 우뚝 서야 하는 것이다.

우리 영혼의 힘과 심령의 평온함은 그리스도에 대한 고요하면서도 흔들림 없는 확신에서 나온다. 우리는 현대 세계의 혼돈과 혼란 가운데서도 주님의 말씀으로 우리를 확실하고 안전하게 인도하시는, 은혜로운 성령의 더할 나위 없는 함께하심을 확신하고 있다.

하나님이 주시는 새롭게 됨과 회복을 발견했던 그 먼 산에서 돌아온 후인 바로 어제 아침, 전화 한 통이 걸려 왔다. 가족의 일 때문에 상처를 받은 한 아버지의 전화였다.

세상의 관점에서 보면 그는 눈에 띄게 성공한 사업가였다. 그러나 그는 10대 자녀들의 비극적인 일들과 트라우마에 짓눌려 있었고, 상처 입고 지쳐 있었다. 궁지에 빠진 그는 고통 중에 있는 자기에게 지도와 조언을 해달라면서 천 마일도 더 떨어진 곳에서 전화를 걸어 온 것이다.

이것이 바로 멸망해 가고 있는 세상의 본질이다.
그러나 이것은 온통 일그러진 사회의 징후일 뿐이다.

이것이 바로 우리의 깨어진 가정, 깨어진 심령, 깨어진 꿈, 깨어진 희망이라고 하는 우리가 맞서야 할 도전인 것이다.

우리는 그저 "쯧쯧, 너무나 안됐네. 정말 너무나 슬픈 일이야."라고 중얼거리고는 고통당하는 그 사람이 슬픔 가운데서 혼자 발버둥치도록 내버려둘 것인가?

아니, 절대로 그래서는 안 된다!

주님이 세상에 계실 때 그러셨듯이, 나도 진심으로 그들의 고통에 참여할 각오가 되어 있어야 한다. 깨어진 마음들을 하나로 묶는 것이 우리 그리스도인들에게 주어진 도전이다.

어제 우리는 함께 울었다. 함께 기도했다.

깊이 교제하며 함께 조용히 대화를 나누었다.

그러자 그리스도께서 친히 우리 영혼에 힘을 주셨다.

복잡한 사회학, 심리학, 정신 의학에 애처로울 정도로 의존하고 있고, 비뚤어지고 헛된 학문적 지혜를 갖추고 있는 이 세상은 점점 더 심하게 타락해 가고 있다. 인간의 문제에 대해 만병통치약을 갖고 있다고 주장하지만, 세상은 사람들을 더 깊은 절망에 빠뜨리고 있다.

우리 아버지이신 하나님을 믿는 우리는, 부끄러워하거나 쑥스러워하지 않고 더 좋은 길이 있다고 담대하게 선포할 수 있어야 한다. 그 길은 만족과 힘을 주는 풍성한 생명의 길이신 그리스도에게서 발견할 수 있다.

우리 시대의 끔찍한 비극은 대다수 그리스도인이 이 길을 이론적으로만 안다는 것에 있다. 그들은 이 길에 대해 듣는다. 그 점이 언급될 때면 가끔 그것에 대해 이야기하기도 한다.

그러나 그 길을 걷는 사람들에게, 다시 말해 그리스도 안에 살며 매시간 그리스도께서 그들 안에 거하시게 하는 사람들에게 임하는 영혼의 순전한 기쁨과 힘에 대해서는 알지 못한다.

그리스도께서 그분의 제자들에게 주시는 도전은 "그리스도와 지속적으로 교제하며 살아가라."라는 것이다. 그것은 실제로 그리스도의 임재를 끊임없이 누리는 것이다. 친밀한 개인적인 교류를 통해 주님의 생명이 나에게 직접 전해지고 전달되는 것이다.

이것은 대부분의 사람이 발견할 수 없는 허황된 일이거나 비범한 영적 체험 같은 것이 아니다. 이것은 그리스도의 부활의 능력 안에서 그리스도를 참으로 알기를 갈망하는 사람이라면 누구든지 일상적인 습관이 될 수 있는 일이다.

마음이 괴로운 아버지가 천 마일도 넘는 먼 곳에서 나에게 전화를 할 수 있다면, 우리가 인간 경험의 가장 깊은 수준에서 심오한 연민을 품고 서로의 삶을 나눌 수 있다면, 지금 여기 계시는 그리스도와 그렇게 하지 못할 이유가 무엇인가? 나는 눈물로 얼룩진 친구의 뺨을 볼 수 없었다. 나는 고통스러워하는 친구의 몸을 만져 볼 수도 없었다. 그러나 우리의 영과 영혼은 하나가 될 수 있었다.

그리스도를 안다고, 실제로 그리스도의 생명에 동참하고 있다고 주장하는 우리를 꾸짖고 조롱하는 회의적인 사회 때문에 우리가 위축될 이유가 무엇인가? 주님을 볼 수 없고 주님을 만질 수도 없지만, 나는 지금도 기쁨 가운데 그리스도의 생명에 동참하고 있다. 그리스도께서는 내 영혼의 힘이시다!

6
죽음을 올바르게 대하는
유일한 방법

우리가 죽음의 문제를 올바르게 대할 수 있는 유일한 방법은, 바로 하나님의 생명을 통해서다. 온갖 교활한 형태를 띤 죽음의 절망을 극복할 수 있는 유일한 관점은, 하나님의 자유하게 하시는 사랑뿐이다. 어두운 세상에서 죽어 가는 사람들에게 주어진 확실한 소망은, 그리스도를 통해 우리에게 오시는 하나님의 놀라운 조명하심이다.

현대의 세계에서는 '죽음'이라는 문제를 회피하려고 하는 것이 일반적이다. 우리는 죽음의 어두운 현실을 직면하고 싶어 하지 않는다. 이는 우리 자신의 개인적인 삶의 영역이나 우리와 가까운 사람들의 삶에서 특히 그러하다. 죽음은 우리가 공공연히 논하거나 두려움 없이 마주하고 싶은 주제가 아닌 것이다.

이 모든 것에는 특유의 역설적인 면이 있다. 우리는 전 세계에서 죽음에 따르는 고통과 괴로움에 점점 더 노출되고 있다. 거의 매일 범죄와 폭력, 살인, 전쟁, 학살이 우리 가정을 침범하고, 우리 마음에 영향을 미치며, 우리 영혼에 상처를 주고 있다. 그러나 대개 우리는 못 믿겠다는 듯이 그저 고개를 흔들고는 그런 일이 다른 곳에서 다른 사람에게만 일어날 수 있는 것인 양 행동한다. 그렇게 해서 정말 멀리 있는 비극인 것처럼 잘 모르겠다는 듯이 어깨를 으쓱하며 죽음의 공포를 떨쳐 버리면서도, 어떤 의미에서는 영혼에 상처를 입게 된다.

물론 우리 가운데는 자기 가족들뿐 아니라 친구들의 죽음을 통해서 죽음을 친숙하게 접해 온 사람들도 있다. 몇 년 전에 내가 『하늘가』라는 책을 써야겠다는 부담감을 느꼈던 것도 이러한 이유 때문이다. 왜냐하면 우리가 지적으로 정직하고 도덕적으로 확신을 가진 사람이 되기 위해서는 하나님의 관점에서 죽음이 무엇인지를 이해해야 하기 때문이다.

순전히 인간의 관점에서 보면 죽음은 고통과 이별, 불행의 문제에 관한 것일 뿐이다. 그것이 바로 우리가 죽음에 대해 논하기를 꺼리는 주된 이유 가운데 하나인 것이다. 또한 죽음에는 인간의 유한한 이해력으로 이해하기 힘든 수수께끼가 있다. 그래서 우리는 이 주제를 피하고 싶어 하는 것이다. 그것에 대해 불길한 예감을 느끼면서도 어깨를 으쓱하는 제스처를 취하고는 무시하기 일쑤다.

그러나 하나님이 돌보시는 자녀인 우리가 내면적인 영혼의 힘을 누리려면 죽음을 분명하게 이해해야 할 필요가 있다. 나는 정말로 진지하게 이 말을 하고 있다. 왜냐하면 죽음은 우리 대부분이 생각하는 것보다 훨씬 더 삶과 관련이 있기 때문이다. 죽음은 그저 불치병, 치명적인 사고, 구급차, 장례식이나 묘지로 이루어져 있는 것이 아니다. 죽음은 삶 자체의 기초다!

대부분의 독자는 방금 한 말에 깜짝 놀랄지도 모르겠다.
그러나 이 말은 절대적으로 사실이다.
이제 그것에 대해 설명해 보겠다.

우리 아버지 하나님이 인간이 거주할 수 있도록 이 지구를 처음 마련하셨을 때, 하나님은 이곳이 완전한 낙원이 되기를 바라셨다. 다시 말하면 하나님이 보시기에 좋았으므로 이 땅을 오염시키거나 타락시킬 그 어떤 것도 없었다.

즉 이 땅은 타락이나 부패가 없는 영역이었다. 더할 나위 없는 평온 및 하나님과 인간 사이에 놀라운 조화가 영원히 지속되는 환경이었던 것이다. 이러한 환경에는 불화도, 속임도, 부패도 없었다. 인간은 하나님과 친밀하게 지내며 부정함이 없었을 것이며, 심지어 죽지 않고 영원히 살았을 것이다.

그러나 하나님이 그분의 성령을 통해 친히 우리 인간에게 알려 주신 사실은, 이 더할 나위 없는 상황이 오래가지 않았다는 것이다. 이 지구에 대한 하나님의 완벽한 계획은 중단되고 말았다.

그것은 심각한 타락의 두 가지 요인이 낙원에 들어왔기 때문이었다. 첫 번째 요인은 하나님의 대적인 사탄이 남자와 여자를 속인 무시무시한 사건이었다. 사탄은 뻔뻔스럽게 "너희가 결코 죽지 아니하리라"(창 3:4)라고 말했다. 완전히 거짓말이었다! 두 번째 요인은 최초의 속임수에 넘어가서 생긴 즉각적인 결과였다. 죽음이 들어온 것이다.

선과 악의 즉각적인 대립은 '저주'로 알려지게 됐으며, 이 땅 전체에 대한 '죽음의 지배(통치)'라는 것으로 더 잘 알려지게 되었다. 이 모든 일에는 커다란 비밀이 있는데, 하나님 말씀에서는 그것을 '불법의 비밀'(the mystery of iniquity)이라고 부른다.

가능한 한 쉽게 평범한 사람들의 말로 표현하자면 이것은 이 땅의 모든 것이 죽음에 좌우된다는 것을 가리키는 것이다. 모든 것이 오염과 하락과 부패를 겪고 있으며, 결국은 죽음과 소멸을 당하게 되어 있다. 생명이시며 생명을 주시는 분인 하나님을 대적하는 세상 체제 가운데 우리 주변의 모든 곳에서 죽음이 진행되고 있는 것이다.

우리 대부분의 사람들이 이해하기 더 어려운 것은 현재 존재하고 있는 심오한 원리로서, 계속되는 죽음의 과정을 통해서만 생명이 나타나 순환을 반복한다는 것이다.

예를 들어 이 책의 독자인 당신이 이 순간 생명을 유지하고 있는 것은, 당신의 생명을 유지하기 위해 다른 생명체들이 죽었기 때문이다. 살아 있는 곡식이 베어지고, 수확되고, 도정되고, 제분되고, 빵으로 구워져서 당신의 몸에 영양이 공급되는 것이다. 햇빛을 받으며 잘 자라고 있는 온갖 과일과 채소가 생명과 양분의 공급을 위해 갑자기 뽑혀 당신의 식탁에 놓이게 된다. 물고기와 가금류, 소, 양, 다른 모든 가축의 수명이 단축된다. 그들의 도살과 죽음을 통해 당신은 신체를 유지할 단백질과 미네랄을 얻는 것이다.

죽음에서 생명이 나온다.

오직 하나님만이 우리를 이 대학살에서 구하실 수 있다.

탄생-삶-죽음-재탄생의 순환이 계속된다.

과학자들은 이를 '에너지 전환의 순환'이라고 부른다.

우리 아버지께서는 우리에게 '새로운 생명'을 주시기 위해 여기에 들어오셨다.

우리는 때때로 그것을 '회심'이라고 부른다.

이것은 자신의 생명을 우리에게 주시는 그리스도에 의해 이루어진다.

자연계(물리적인 세계)에 탄생-삶-죽음-재탄생이 있듯이, 도덕적이고 영적인 세계에도 탄생-삶-죽음-재탄생이 있다.

하나님의 백성인 우리는 죽음을 대하는 법을 배워야 한다. 사람들이 두려워하는 것은 먼 미래에 일어날 어떤 것이 아니다. 사방에서 우리를 둘러싸고 있는 현상이요 원리, 즉 죄와 죽음의 법이다. 죽음은 우리가 이 땅에서 머무는 동안 모든 면에서 없어서는 안 될 기능이다. 그리고 오직 그리스도만이 이 모든 죽음 가운데서 풍성한 새 생명을 주실 수 있다.

우리는 죽어 가는 지구에 살고 있다.

우리는 죽어 가는 사람들 가운데 살고 있다.

우리는 죽어 가는 연약한 생물들에게 둘러싸여 살고 있다.

우리는 이 땅에서 나무, 풀, 꽃, 물고기, 짐승이나 새, 모든 죽어 가는 다른 생명체들과 공존하고 있다. 그리고 이상하게 여겨질 수 있지만, 그 방향을 뒤집기 위해 기울이는 모든 노력과 전문 기술, 수고와 많은 생각에도 불구하고 인간이 소유한 모든 것은 쇠퇴해 가고 있다. 옛날 찬송가의 가사 한 구절을 인용해 보겠다. "천지 만물 모두 죽고 부패하나."

바로 거기에 삶 전체의 위대한 수수께끼가 있다.
내 삶과 에너지를, 내 시간과 생각을, 내 기술과 사랑을
단지 멸망하는 것에 사용할 것인가?
나는 사라지는 것들을 추구하는가?
삶의 주된 목적은 무엇인가?

사람이 이 땅에 머문다는 것에는, 죽음이 모든 곳에 있다는 이유로 절망에 빠지는 것 이상의 무언가가 반드시 있어야 한다.

죽음으로 인한 절망은 세상 사람들의 철학이다.
소망 없는 사람들의 비관적인 공허다.
하나님을 떠난 사람들의 권태와 냉소주의다.

그들의 인생 주제는 "먹고 마시고 즐거워하라. 내일 죽을 테니까!"이다. 그러나 그리스도 안에서 새 생명을 발견한 우리, 하나님을 아버지로 알게

된 우리, 성령으로 매일 새롭게 되는 우리에게는 새로운 차원의 삶이 있다. 우리의 인생 주제는 바로 이것이다. "내게 사는 것이 그리스도니, 그리스도 예수(살아 계신 주님) 안에 있는 생명의 성령의 법(원리)이 죄와 사망의 법에서 나를 해방하였음이라."

내 모든 삶은 이제 더 이상 죽음에 의해 좌우되지 않는다. 내가 이 땅에 거하는 동안의 변수도 이제 더 이상 죽음의 망령에 의해 결정되지 않는다. 나는 죽음을 막기 위해 아무 도움도 되지 않는 하찮은 소유물들을 쌓아 두느라 애쓰며 죽어 가는 비관론자에 불과한 사람이 아니다.

오히려 나는 죽음에서 생명으로, 영원히 지속하는 하나님의 생명으로 옮겨졌다. 나는 절망에서 구원받아 하나님의 사랑이라는 경이로움 속에 들어갔다. 어둠에서 벗어나 하나님의 빛과 지식의 찬란함 가운데로 이끌려 들어갔다.

우리가 죽음의 문제를 올바르고 적절하게 대할 수 있는 유일한 방법은, 바로 하나님의 생명을 통해서다. 온갖 교활한 형태를 띤 죽음의 절망을 극복할 수 있는 유일한 관점은, 하나님의 자유하게 하시는 사랑뿐이다. 어두운 세상에서 죽어 가는 사람들에게 주어진 유일하게 확실하고 빛나는 소망과 확신은, 그리스도를 통해 우리에게 오시는 하나님의 놀라운 빛과 조명하심이다.

이 부분에 대하여 하나하나 자세하면서도 간략하게 다루어 보도록 하겠다.

그리스도 안에 있는 하나님의 생명

이 생명의 능력은 분명히 하나님께 있다. 그리고 하나님의 성령께 속해 있는 것이다. 또한 그것은 이 지구에 공통되는 일반적인 육체적, 생물학적 생명의 수준을 훨씬 넘어서는 것이다.

생명에 대한 최고의 정의는 생물과 환경 사이에서 이루어지는 상호 작용이나 상호 교환이다. 한 생물이 더 이상 주변 환경에서 영양분을 얻을 수 없게 되는 순간 그 생물은 죽었다고 선언된다. 지구상의 모든 생명체는 지구 환경이 제공하는 것들에 의해 존재하고 있다. 그러나 죽음에 제약과 지배를 받기 때문에 이 자연적인 생명체들은 그저 일시적이고 비영구적인 것일 뿐이다.

반면 우리 아버지이신 하나님은 그분의 성령과 임재, 그분의 초자연적인 능력으로 우리를 감싸 주신다. 그리고 하나님의 영원하고 풍성한 생명을 누리도록 우리를 초청하고 계신다. 우리가 하나님과 교통하고 교제할 때, 하나님을 마시고 하나님과 함께하며 하나님을 믿을 때, 우리는 하나님의 영원한 생명을 경험하며 힘을 얻게 되는 것이다.

이것이 바로 그리스도께서 말씀하신 원리다. 그리스도께서는 이렇게 담대하게 선언하셨다.

"살리는(생명을 주는) 것은 영이니 육(일반적인 인간의 생명)은 무익하니라"(요 6:63).

이것은 그저 육은 영원하지 않고 기껏해야 아주 일시적인 것이기 때문이다. 육의 미약하고 일시적인 차원은 우리를 속이기도 한다. 이는 육은 소멸하는 것이기 때문이다.

반면 하나님의 생명은 영원히 지속된다. 우리는 그리스도 안에서 하나님의 생명을 가장 선명하게 볼 수 있다. 실제로 그리스도께서는 이렇게까지 말씀하셨다. "내가 곧 길이요 진리요 생명이니"(요 14:6). 그리스도께서는 하나님의 생명의 신성한 증거이시다.

그 생명은 질병과 아픔을 이기 낸다.
그 생명은 혼란한 마음과 뒤틀린 감정을 회복시킨다.
그 생명은 잘못된 의지를 하나님의 선한 의지로 재조정해 준다.
그 생명은 죄로 무너진 영혼들을 자기 파멸에서 구원한다.

그 생명은 죄인을 하나님의 자녀로 변화시킨다.
그 생명은 인간의 성품과 행실을 다시 창조시킨다.
그 생명은 인간의 영혼에 불멸성을 부여해 준다.
그 생명은 죽음의 공포를 완전히 몰아내 준다.

대적들이 그리스도를 십자가에 못 박았을 때에도 주님의 훼손된 육신이 부패하지 않았을 정도로 그리스도 안에 있는 생명의 기운은 너무나 컸다. 죽음은 그리스도의 초자연적인 인격을 오염시키거나 더럽히거나 파괴시킬 수 없었던 것이다. 바위로 된 무덤은 그리스도의 빛나는 부활을 가로막거나 제한시킬 수 없었다. 사탄의 모든 악한 세력도, 지옥 자체도 살아 계신 그리스도를 가두어 둘 수 없었다. 그리스도께서 가지신 하나님의 생명으로 인해 그리스도께서는 자신을 대적하는 모든 악을 이기실 수 있었다.

그러므로 교회가 영원히 외치고, 기뻐하고, 표출할 수밖에 없는 표어는 "주님은 부활하셨다. 주님은 살아 계신다!"라는 것이다. 그리고 나는 여기에 이 말을 덧붙여 말하겠다. "주님이 여기 계신다. 우리가 주님을 영접하기만 하면 주님은 언제나 그분의 생명을 우리에게 주신다!"

하나님의 사랑

하나님의 사랑은 하나님의 생명의 증거일 뿐이다. 한없이 관대하고 한량없이 은혜로운 우리 아버지께서는 겸손히 그분을 영접하는 사람 누구에게나 자신을 주시는 분이다.

하나님은 놀라울 정도로 용서를 베푸심으로 자신을 우리에게 내어 주신다. 하나님은 성자의 사랑의 교제를 통해 자신을 우리에게 내어 주신다. 하나님은 성령의 온화한 인도하심을 통해 자신을 우리에게 내어 주신다. 하나님은 하나님 말씀의 놀랍고도 경이로운 약속을 통해 자신을 우리에게 내어 주신다. 하나님은 날마다 자신의 소중한 임재를 우리에게 베풀어 주신다.

하나님의 빛

하나님의 빛은 앞에서 언급한 모든 것이다. 하나님의 빛은 우리에 대한 아버지의 신실하심에서 발견될 뿐만 아니라, 우리의 가장 소중한 친구이신 그리스도와 우리의 교제에서도 발견된다. 또한 이 땅에서 머무는 동안 경험하게 될 삶의 어둠과 절망 가운데서 우리를 인도하시는 사랑과 은혜의 성령 안에서도 발견된다.

우리는 우리를 둘러싼 죽음의 모든 부패와 타락에 맞설 수 있는 것은 오직 하나님의 생명뿐임을 하나님의 깨닫게 하심으로 인해 분명히 알 수 있다. 우리는 오직 하나님의 사랑 안에서만 죄로 손상된 사회의 모든 절망과 타락을 몰아낼 수 있다는 사실을 알고 있다. 우리는 의심할 여지 없이 이 세상의 빛이신 그리스도의 찬란한 빛만이 어둠을 몰아내고, 우리를 하나님의 임재의 기쁨 가운데로 인도할 수 있다는 것을 알고 있다.

바로 어제 아침, 나는 거칠고 세속적인 사람을 만나러 갔다. 그가 소유하고 있는 땅 문제 때문에 간 것이다. 그의 집으로 향하는 도중에 내가 그를 방문하는 이유가 그의 땅보다는 그의 영혼 때문이라는 깊은 확신이 들었다.

우리는 시냇물이 졸졸 흐르는 산골짜기 옆, 따스한 햇살이 내리쬐는 개간하지 않은 땅을 지나가고 있었다. 그런데 그때 그가 욕설 섞인 말을 나에게 쏟아 냈다. 나는 그의 험상궂은 인상과 햇볕에 그을린 얼굴 이면에 죽음을 마주하여 싸우고 있는 영혼이 깃들어 있음을 확신할 수 있었다. 그는 연로했고, 몸이 쇠약해진 상태였으며, 일에 지친 모습이었다.

내가 그곳에 머문 지 한 시간도 채 안 되었을 때, 그는 자신의 마음의 짐을 내려놓고, 영혼의 단추를 풀기 시작했다. 눈에 눈물이 그렁그렁해진 채로 평생 자기를 괴롭혔던 죽음의 문제와 황량함, 절망감을 내게 털어놓았다.

산쑥의 풍성한 향기가 콧속 가득 채워지는 곳에서, 나는 우리 아버지와 그분의 사랑에 대해 그에게 부드럽게 이야기했다. 죽음을 이기는 그분의 생명을 우리에게 주시는 친구이신 그리스도를 그에게 소개했다.

그는 내 말에 열심히 귀를 기울였다. 그리고 기쁘게 받아들였다. 우리는 눈 덮인 봉우리에서 불어오는 바람을 맞으며 서서 함께 기도했다. 그는 거듭났다. 우리는 죽음의 문제를 함께 해결했다. 하나님의 생명이 승리하셨다. 우리는 그렇게 친구가 되어 헤어졌다.

7
하나님이 주시는 소망으로
삶을 고요한 시선으로 바라볼 수 있다

하나님은 우주에서 절대적으로 지고하시고 전능하신 분이다. 그 어떤 세력이나 힘도 하나님을 따라올 수 없다. 그러므로 궁극적으로 하나님이 언제나 승리하신다. 그러한 하나님의 순전하심에 대한 확신이 우리 영혼에 평온함을 가져다주며, 우리의 삶에 위대한 소망을 불어넣는다.

순전히 인간적인 관점에서 인생을 바라보면, 현재 우리는 인류 역사에서 소망이라고는 거의 보이지 않는 시대에 살고 있는 것처럼 보인다. 인류 공동체는 계속 늘어 가는 문제들을 직면하고 있는 실정이다.

가난과 궁핍 속에 허덕이며 사는 사람이 점점 더 늘어나고 있다. 빈부격차의 범위가 더 넓어지고 깊어지고 있다. 여러 보고서의 기록에 따르면, 부유한 미국인의 상위 2퍼센트가 전체 국민의 하위 40퍼센트보다 더 많은 부를 소유하고 있는 것으로 나타났다.

범죄와 폭력, 문맹, 가족의 해체가 증가하고 문화의 부패가 심화되고 있는 가운데, 대중 사이에서는 절망감이 증폭되고 있다. 이 대학살 같은 모든 상황을 악화시키고 있는 것은 사회를 지배하려는 특정 기득권층의

의도적인 노력이다. 끊임없이 퍼져 가는 권력에 대한 탐욕과 욕구는 거듭나지 않은 인간 본성의 특징인데, 이것이 사람들을 가장 비열한 행위를 하게끔 내몬다는 것은 모든 사람이 익히 아는 사실이다. 돈과 대중매체와 이데올로기의 영향력을 이용하여 대중을 조종하고, 그들을 악한 목적에 굴복하도록 유도하려는 다양한 책략들이 생겨나고 있다.

이 멸망해 가는 지구에서 인류가 써 온 역사는 늘 그래 왔다. 대부분의 사람이 인식하지도 못하는 가운데 이면에서는 항상 불법의 비밀이 작용하고 있다. 사람의 영혼의 보이지 않는 적인 사탄과 그의 부하인 모든 악한 영들은 인류의 소멸과 멸망을 가져오려고 속도를 높이고 있다. 교묘한 속임수와 세계적인 기만으로 인해 인류 다수가 죄와 자아도취의 사악한 영향 아래 허우적거리며 넘어지고 있다.

그리스도께서는 이러한 모든 어둠과 절망 가운데 있는 우리에게 오셔서 우리를 두려움에서 해방시키고 자유를 주신다. 그리스도께서는 우리에게 오셔서 용기를 내라고 말씀하신다. 그리고 우리에게 그분의 소망을 가져다주신다.

이러한 소망과 도움은 그림의 떡에 불과한 것이 아니다.

이러한 확신의 약속은 단지 하늘의 삶만을 위한 것이 아니다.

이러한 용기는 지금 이 순간을 위한 것이다.

이러한 기쁨과 낙관주의, 확신만이 우리 문화의 혼돈과 혼란을 극복할 수 있게 한다. 하나님은 그분의 자녀에게 극심한 고통 가운데서도 평온함과 승리를 누릴 수 있는 능력을 주셨다. 그것은 절망이 사방을 에워싸도 우리 영혼이 소망을 유지할 수 있는 능력이다.

이 소망은 일종의 희망 사항 같은 것이 아니다. "결국은 다 잘될 거야." 하는 스스로의 속임수에 빠지는 것도 아니다. 흔들리는 세상에서 담대하고 용감한 체하려 하는 긍정적인 사고방식의 능력을 말하는 것도 아니다.

우리의 소망은 우리 아버지이신 하나님께 있다.
우리의 확신은 살아 계신 그리스도께 있다.
우리의 힘은 주님의 성령께 있다.

어려운 교리적인 토론은 제쳐두고, 내가 이렇게 말하고 있는 아주 단순한 몇 가지 이유를 설명해 보려 한다. 누구나 쉽게 이해할 수 있는 내용이다. 어린아이라도 이해할 수 있을 만한 내용일 것이다.

하나님은 우주에서 절대적으로 지고하시고 전능하신 분이다. 모든 지식에 있어, 그분의 모든 목적에 있어 그러하시다. 그 어떤 세력이나 힘도 하나님을 따라올 수 없다. 그러므로 궁극적으로 하나님이 언제나 승리하신다. 하나님이 모든 일을 결정지으신다.

하나님의 의도는 언제나 순결하고 고상하며 건설적이다. 그것은 하나님의 성품은 흠이 없고, 그분의 행위는 완전하기 때문이다. 그러므로 하나님의 내재적인 선하심과 은혜가 죄와 이기심을 쫓아 버린다. 하나님의 빛은 그 어떤 어둠도 몰아낸다. 하나님의 놀라운 사랑은 절망도 무너뜨린다.

하나님이 여기 계시기 때문이다.

궁핍한 우리에게 평안을 가져다주는 것은 하나님의 임재다. 하나님의 능력이 우리 영혼에 평온함의 힘을 가져다준다. 하나님의 순전하심이 더러운 사회 가운데 사는 우리 삶에 위대한 소망을 불어넣는다.

> 이러한 이유로 그리스도인은 삶을 고요한 시선으로 바라볼 수 있다.
> 큰 혼란 가운데서도 평안하게 살 수 있다.
> 우리는 모든 일에서 소망을 발견할 수 있다.
> 그것은 하나님이 우리에게 소망을 주시기 때문이다.

옛날부터 그랬듯이, 하나님이 주시는 조용하고 강력한 확언은 "너는 안심하라. 내니 두려워하지 말라."이다.

하나님과의 교제를 즐기는 사람들은 이것이 사실이라는 것을 알고 있다. 고요함과 확신 속에서 우리의 소망은 새롭게 된다. 우리가 아버지와 친구, 인생길의 동반자이신 하나님과 갖는 깊은 교제는 우리 영혼에 평온과 확신과 힘을 가져다준다.

인간의 행위에는 이 교제가 우리에게 즐거운 경험이 되는 것을 방해하는 한 가지 커다란 결함이 있다. 우리는 주변 일들 때문에 산만해지고 낙담하는 경향이 있다는 것이다. 우리는 세상에 너무 깊이 빠져 있다. 변화하는 환경, 변화하는 사람들, 변화하는 압력의 소용돌이에 휩쓸려 살아가고 있다.

우리의 절대적인 중심이 그리스도가 되어야 한다.
우리의 흔들리지 않는 확신이 그리스도의 성품에 있어야 한다.
우리가 할 일은 주님의 임재를 연습하고 누리는 것이다.

"오 하나님, 주님이 여기 계십니다!"
"주님이 가까이 계십니다!"
"주님을 사랑합니다!"

그러면 다 괜찮아신다.
소망이 새롭게 솟아난다. 평안이 가득 차게 된다.
그리고 우리는 주님의 약속이 우리를 위해 이루어지는 것을
조용히 바라볼 수 있게 된다.

일상생활에서 겪는 스트레스와 충돌 속에서 어떻게 이러한 일이 일어날 수 있는지 궁금해하는 독자도 있을 것이다. 지난 몇 주 동안의 일을 예로 들어 보겠다.

얼마 전 극심한 고통을 겪는 한 여성에게서 가슴 아픈 전화가 걸려 왔다. 그녀는 병 때문에 불구가 되어 휠체어에 의존하는 삶을 살고 있었다. 그녀는 눈물을 흘리며 고통스러운 마음으로 자신의 참혹한 이야기들을 쏟아 냈다. 이러한 불행을 겪는 중에 남편이 그녀를 떠났고, 그녀가 도움을 청했던 다른 사람들은 오히려 그녀를 학대했다.

그녀를 괴롭히고 있는 병은 그녀의 몸을 기형이 되게끔 만든 괴물 이상의 것이었다. 병은 그녀의 존재 전체에 극심한 고통을 주었다. 그래서 그녀는 지금 극도의 육체적 아픔뿐만 아니라, 감정적인 비통함까지 겪고 있었다. 그녀의 곤경에 빠진 상황을 더 악화시키려는 듯이, 그녀의 담당 의료진들은 그녀를 모질게 대했다.

절망에 빠진 그녀는 울고 또 울었다. 아무런 희망이 보이지 않는 상황이었다. 궁지에 몰린 그녀는 나에게 전화를 해야겠다고 생각한 것이다. 내가 할 수 있는 일이 무엇일까?

나는 사회에서 어떤 지위나 명성으로 다른 사람에게 영향을 주려고 애써 온 사람이 아니다. 중요한 사람들의 모임을 만들려고 노력한 적도 없었다. 그렇다고 대신 일을 처리해 줄 특별한 연줄이나 내부적인 정보 같은 것도 없었다.

나는 절망에 빠진 이 소중한 여성에게 있는 그대로 말했다. 내가 부를 수 있는 사람도, 내가 만날 수 있는 사람도 없었다. 그녀를 도와달라고 내가 도움을 청할 수 있는 사람이 아무도 없었다.

그러나 나는 그녀에게 내가 그녀를 위해 그리스도께 기도할 수 있다고 차분하게 이야기했다. 나는 우리 아버지께서 그녀의 문제에 개입하시도록 간절히 기도해도 되냐고 물어보았다. 나는 그녀에게 우리 아버지께서는 그녀의 고통에 대한 확실한 소망의 근원이시라고 조용히 말했다. 그녀는 눈물을 흘리면서 자신을 위해 하나님의 은혜로우신 성령께 간구해 달라고 했다.

그래서 우리는 어린아이 같은 믿음으로 우리의 이해를 초월한 하나님의 초자연적인 도움을 간구했다.

잠깐 기도했을 뿐이었다. 그런데 그녀는 차분해졌다.

어제 오후에 다시 전화가 울렸다. 바로 그 여인이었다. 그녀는 매우 기뻐서 어쩔 줄 몰라 했다. 놀랍게도 그녀는 갑자기 훌륭한 치료 병동으로 옮겨지게 되었다는 것이다. 아주 좋은 개인 병실이 그녀에게 주어졌고, 그녀는 다정하게 도와주는 사람들에게 둘러싸이게 되었다. 그녀의 고통도 가라앉게 되었다. 병실의 커튼 색깔까지도 그녀의 마음에 쏙 든다고 했나. 소망이 다시 새롭게 솟아난 것이다!

이 일은 우리 아버지 하나님이 우리의 소망이심을 친히 입증한 사건이었다. 위기에 처했을 때 우리를 보살펴 줄 수 있는 분은 그리스도이시다. 고통과 혼란 가운데 평안을 가져다줄 수 있는 것은 주님의 성령께서 주시는 확실한 위로다.

내가 여기서 그리스도를 따르는 사람들에게 다시 부탁하고자 하는 것은, 혼란의 시간 가운데서도 하나님께 관심을 집중하라는 것이다. 우리는 너무나 자주 주변의 어려움 때문에 주의가 산만해지는 경향이 있다. 가혹한 상황에 너무 쉽게 압도 당해 버리곤 한다. 슬픔과 고통과 스트레스의 폭풍 속에서 우리의 구주 되시고, 우리를 붙들어 주시는 주님이 보이지 않는 것 같다고 느낄 수 있다.

그러나 주님은 그 폭풍 속에 우리와 함께 계신다!

잘 알려지지 않은 나훔의 예언 가운데 내가 좋아하는 멋진 구절이 있다. "여호와의 길은 회오리바람과 광풍에 있고 구름은 그의 발의 티끌이로다"(나 1:3).

"그렇습니다. 오 하나님, 주님이 이곳에 계십니다!"
"그렇습니다. 주님은 도우시기 위해 이곳에 계십니다."
"그렇습니다. 오 그리스도시여, 주님은 구원하실 수 있습니다!"

우리가 할 일은 잠잠히 하나님을 신뢰하는 것이다. 고요한 확신을 품고 하나님께 감사하는 것이다. 소망 가운데 반드시 기다리는 것이다. 바로 하나님이 우리의 소망이시기 때문이다!

우리 그리스도인들은 믿음의 근원으로 돌아가야 한다. 하나님에게서 발견할 수 있는 근본적인 자원으로 돌아가야 한다. 우리는 선택해야 한다. 하나님을 신뢰할지, 인간의 기술을 신뢰할지 선택해야 한다.

현대 교회는 유명한 설교자들, 보편화된 프로그램들, 사람들의 힘을 활용하는 것에 정신이 팔려 있다. 심리학과 정신 의학에 의존하고 있는 목회 상담에 애처로울 정도로 의지하고 있다.

그리스도께서는 그분에게서 소망을 다시 찾으라고 우리를 부르신다. 우리 아버지께서는 전적인 기도에 다시 나아오라고 우리에게 손짓하신다. 하나님의 은혜로우신 성령께서는 우리가 어린아이처럼 하나님을 신뢰할 수 있도록 그분의 믿음을 아낌없이 주신다.

나는 의도적으로 우리 아버지를 믿는 믿음을 소개해 왔다. 소망은 믿음과 결부되어 있기 때문이다. 이 둘은 분리할 수 없다. 건설업에서 시멘트와 모래와 물이 결합하면 콘크리트가 나오듯이, 그리스도 안에서 믿음과 소망과 사랑은 함께 결합되어 그리스도인의 경험이라는 콘크리트 배합물을 형성하는 필수적인 세 요소다.

그리스도를 신뢰하는 근본적이고 어린아이 같은 믿음이 없으면, 우리는 불안감이 커져 가는 사회 때문에 쉽게 당황하는 나약한 사람들이 되고 말 것이다. 급변하는 상황들과 부정적인 사건들이 우리를 실망시킬 것이다. 그러나 우리 아버지께서 우리의 일을 해결해 주신다는 흔들리지 않는 확신이 있으면, 우리는 강력한 믿음의 사람이 되는 것이다. 우리의 소망은 하나님께 있다!

그리스도께서는 모든 경험을 결과적으로 우리에게 선을 이루게 하실 수 있다. 우리는 이 사실을 확실히 믿는 법을 배워야만 한다. 종종 이런 선한 결과가 나올 때까지 오랜 시간을 기다려야 할 수 있다. 어떤 경우에는 오랜 세월이 흐른 후에야 우리의 고통과 눈물의 이유를 완전히 이해할 수도 있다.

이것이 하나님을 기다릴 때 우리에게 임하는 풍성한 유익 가운데 하나다. 우리 아버지께서 우리의 고통스러운 날들에서 커다란 선을 이끌어 내시는 방법을 경이로운 눈으로 바라보는 동안, 해마다 뜻밖의 풍성한 은혜가 우리에게 주어진다. 우리는 우리의 보잘것없는 삶의 세세한 부분에서 역사하시는 하나님의 손길을 믿음과 확신 가운데 바라보는 법을 배워야 한다. 그리고 우리에게 베푸시는 하나님의 도움과 소망에 대해 진심으로 감사를 드려야 한다.

그다음에는 하나님께 우리를 바르게 인도해 달라고 간구하면 하나님이 그렇게 하신다는 것을 우리가 영혼과 심령으로 확신하는 것도 꼭 필요하다! 일이 잘못되어 가는 것처럼 보일 때면, 길이 험난해질 때면, 재난이 우리를 덮치는 것처럼 보일 때면 우리는 너무나 자주 믿음을 잃어버린다. 심지어 버림받았다고까지 느낀다.

그러나 하나님은 우리를 버리지 않으신다고 확실히 말씀하고 계신다. 하나님은 이곳에 계셔서 우리를 붙들어 주시고 구원해 주신다. 바로 거기에 영혼의 힘이 있는 것이다!

믿음, 소망과 함께 섞여 있는 세 번째 필수적인 요소가 있다. 그것은 바로 그분의 자녀에 대한 하나님의 놀라운 관심과 돌보심, 즉 '사랑'이다! 내가 여기서 말하고 있는 사랑은 현대 사회에서 자주 거론되는 겉보기에 그럴싸한 감성적인 사랑을 의미하는 것이 아니다. 하나님이 인간에게 베푸신 믿을 수 없을 정도로 놀랍고 장엄한, 자기희생적인 사랑을 의미하는 것이다.

이러한 하나님의 사랑이 없다면 우리는 모두 멸망하게 될 것이다.
이러한 사랑은 우주의 모든 창조적인 힘의 기본적인 근원이다.
이 초자연적인 사랑이 모든 악을 이길 수 있다.
이 사랑은 악한 모든 것을 이기는 최고의 선이다.

우리 아버지께서 그분의 삶 가운데서 이러한 사랑을 지구를 위해 쏟아 부으시기에, 인류는 완전한 멸망을 면하고 있는 것이다. 이 믿음의 근간이 그리스도인으로 하여금 모든 일을 믿음과 소망으로 마주할 수 있게 해준다. 주 하나님이신 그리스도께서 참으로 이곳에 계셔서 우리를 사랑으로 돌보신다.

시험의 때에 오는 혼란 가운데서도 우리는 하나님의 임재에 집중해야 한다. 상황이 아무리 가혹하고 치명적인 위기처럼 보일지라도 그 아수라장 가운데서도 하나님께 돌아가야 한다.

나는 여러 번 소리 내어 주님이 들으시도록 간절하게 부르짖는다. "오 살아 계신 그리스도시여, 주님은 이곳에 계십니다! 나를 돌보시기 때문입니다! 주님, 주님만이 지금 나를 구원하시고, 붙들어 주시며, 나에게 확신을 주실 수 있습니다!"

사랑하는 주님의 이름을 송축한다.
주님이 역사하신다.
위기 가운데서도 주님은 평온을 가져다주신다.
폭풍 가운데서도 주님은 힘을 주신다.
불안 가운데서도 주님은 사랑을 베푸신다.

그러기에 사랑과 믿음과 소망이 새롭게 솟아난다. 나는 새롭게 되며, 보호를 받고, 온전하게 되는 것이다.

나는 이제 흘러넘치는 감사함으로 주님을 사랑한다. 고요한 믿음으로 주님을 따라간다. 영혼과 심령에서 솟아나는 밝은 소망 가운데 즐거워한다. 이 모든 것은 주님 때문이다.

"내 영혼아 네가 어찌하여 낙심하며 어찌하여 내 속에서 불안해하는가 너는 하나님께 소망을 두라 그가 나타나 도우심으로 말미암아 내가 여전히 찬송하리로다"(시 42:5).

8
모든 일에 감사할 때 우리의 영혼은 강해진다

하나님께 진정한 감사를 표현하기 위해서는 시간이 필요하다. 그것은 나의 가장 가까운 친구이신 그리스도와 단둘이 있는 것을 의미한다. 여기에는 아버지께서 들으실 수 있도록 경외심과 사모하는 마음을 쏟아 내는 것이 포함된다. 또한 하나님의 성령과 갖는 고요하고 내밀한 교제가 요구된다.

감사는 우리의 일상생활, 대인 관계, 하나님과의 관계라는 기계 장치를 원활히 돌아가게 해주는 선의의 윤활유라 할 수 있다. 우리는 꼬투리를 잡고 이를 갈면서 투덜대며 살아가든지, 아니면 하나님과 사람에 대해 넘치는 고마움과 감사를 표현하며 살든지 선택해야 한다.

감사는 지고하신 하나님의 풍성하신 성령께서 우리에게 주시는 어떤 신비한 선물이 아니다. 감사는 부모에게 물려받는 성격적인 특성도 아니다. 또한 감사는 다른 사람에게 매력적으로 보이려고 내보이는 유쾌한 성향 같은 것도 아니다.

진정한 감사는 어떤 일이든 나에게 닥치는 모든 일에 대하여 진심 어린 고마움을 표현하기로 매일 결단하는 내 의지의 의식적인 행동이다.

진정한 감사를 성경에 나오는 간단한 말로 표현하면 바로 '범사에 감사하는 것'이다.

감사를 진실하고 선한 마음으로 표현하는 것은 쉬운 일이 아니다. 그것은 꾸며 내는 행동이나 위선적인 가식을 말하는 것이 아니다. 속으로는 기분이 언짢고 피가 끓으면서도 태연한 태도를 보이는 것도 아니다. 나와 같은 시대를 살아가고 있는 대부분의 사람들과 우리 아버지이신 하나님은 내 감사가 진정한 것인지 아닌지 구별할 수 있다.

자발적이고 기쁨이 넘치는 감사는 참으로 생명의 묘약이다.

감사 외에 그렇게 큰 만족을 주는 것은 없다.

감사하는 태도는 우리를 참으로 빛나게 해준다.

우리는 대부분 그 이유를 모르고 있다. 우리는 사려 깊은 태도가 왜 우리를 변화시키는지 의아해한다. 정말로 우리가 감사의 빛나는 아름다움에 휩싸일 수 있는 비결이 있다.

그것은 바로 우리 자신의 문제와 고통, 모든 사소한 불평거리에 대한 항의에 골몰하지 말고 우리 자신을 넘어서, 하나님과 다른 사람들의 선함을 바라보는 것이다. 우리의 자기중심적인 좁은 구멍을 통해 삶을 보지 않는 것이다. 그리고 우리가 가진 모든 것, 우리 존재의 모든 것, 우리가 누리는 모든 것은 우리 아버지의 은혜로우신 마음과 아낌없는 손길이 우리에게 너그럽게, 값없이 베푸시는 것임을 인식하는 넓은 시야를 갖는 것이다.

내가 이 글을 쓰고 있는 지금은 이른 아침이다. 잿빛 새벽에 굵은 빗줄기가 우리 집 지붕의 붉은 기와를 끊임없이 두드리고 있다. 처마 밑에 있는 빗물받이 홈통에서 물이 세차게 흐르고 있다. 배수로를 타고 흘러내린 물은 언덕을 넘어 우리 집 아래에 있는 회색빛 큰 호수로 흘러들어 가고 있다. 밤새 비가 내렸는데, 이런 비는 뜨겁고 메마른 반건조 기후의 북쪽 사막에서는 매우 드문 일이다. 비가 온종일, 아니 주말 내내 내릴 것 같다.

예상치 못한 호우에 대해 불평할 수 있는 이유는 많이 있다. 마당을 청소하려던 계획을 연기해야 할 것이다. 이웃들은 비 때문에 잡초가 너무 자라 도저히 손질할 수 없을 것이라고 계속 이야기하기도 한다. 예정된 나들이는 모두 미루어야 한다. 폭우로 체리들이 갈라지고, 농작물이 망가진다. 야영객들은 젖은 텐트를 접고 집에 돌아가야 한다. 해변에서는 따스한 햇살을 즐길 수 없고, 오로지 잿빛 하늘과 어두운 구름과 온통 축축한 습기뿐이다.

이와 반대로 우리는 비를 우리 아버지의 사랑의 손길이 베푸시는 특별한 선물로 볼 수도 있다. 이전에 비는 땅과 언덕을 태워 버렸던 수많은 산불을 진화시켰다. 넉넉하게 넘쳐흐르는 비는 샘과 시내, 줄어드는 저수지를 다시 채워 준다. 비는 몇 주 동안의 가뭄으로 인해 연기와 먼지가 가득 찬 대기를 맑게 해주기도 한다. 알레르기를 일으키는 꽃가루의 오염을 제거시켜 주기도 한다. 비는 인간의 기술이 따라갈 수 없는 훌륭한 방식으로 온 땅을 새롭게 만든다. 참으로 아름답고 은혜로운 선물인 것이다!

나는 진심으로 감사하는 마음으로 넓은 창가에 서 있었다. 솟아나는 감사를 담아 거듭해서 감사를 드렸다. 내 영혼 깊은 곳에서 불평이 아니라, 이렇게 풍성하게 주어진 이 귀중한 선물을 기쁨으로 받아들이는 마음이 생겼던 것이다. 우리 아버지께서 돌보신다. 그분은 무엇이 최선인지 아신다. 폭우에 대해 꼬투리를 잡는 대신 온화하고 빛나는 아름다움이 나의 세계를 감싸 주었다.

나에게는 아주 특별한 80세의 연로한 친구가 있다. 내가 그를 알게 된 것은 불과 몇 년 전 일이었다. 그의 성품 가운데 내 관심을 끌었던 점은, 무엇보다도 자기에게 닥치는 모든 일에 대해 기뻐하며 감사하는 자세였다. 허약한 건강 상태에도 불구하고, 노령에 따르는 여러 가지 역경에도 불구하고, 만날 때마다 쇠약해지는 기력에도 불구하고 그는 자기가 겪는 모든 일에 대해 하나님께 감사하는 마음이 차고 넘치고 있었다.

그와 함께 있는 것 자체가 순전한 기쁨이다.
그의 눈은 여전히 웃음으로 반짝거리고 있다.
그의 마음은 감사에 예민하다.

그의 말에는 웃음이 담겨 있다.
하나님이 주신 모든 좋은 선물에 대한 찬양과 감사가 담겨 있다.

그의 쾌활함과 밝은 태도 때문에 사람들은 용기가 가득 찬 채로, 만족스러운 마음으로 돌아간다.

그의 삶에서 어떻게 이러한 긍정적인 태도가 생겨났는지 알고 이해하는 것은 특별히 관심이 가는 일일 것이다. 여기서 그것을 간략하게 설명하면 우리 자신의 영혼을 새롭게 하는 데 도움이 될 것이다.

노년기까지 그가 불타는 열정을 쏟은 유일한 관심사는 사업상의 일들이었다. 그는 해변에 있는 큰 회사의 도매 유통업자였다. 세일즈는 그의 삶, 그의 시간, 그의 힘의 전부였다.

그런데 몇 년 전 어느 날, 그가 자신의 멋진 집의 창문을 닦으려고 사다리를 타고 높이 올라가 있었는데 갑자기 사다리가 쓰러진 것이다. 꼭대기에서 추락한 그는 열네 계단을 굴러 아래 지하실로 연결된 넓은 계단통에 떨어졌다.

그는 이제 자신이 죽겠구나 싶었다.

그 위기 가운데서 그의 영혼은 자기 삶을 빠르게 회상했다. 무엇을 위해 살아왔는가? 자기 일들 가운데 무엇이 우선순위였는가? 만일 살아난다면 여생을 어떻게 보낼 것인가?

그리고 그곳에서 뼈가 부러져 피를 흘리면서 그는 어떤 일이 있든지 간에 하나님께 감사와 찬양을 드리겠다고 결심했다. 그리고 그는 기적적으로 회복했다!

그는 그리스도께 드렸던 약속대로 범사에 진정한 감사를 드리겠다는 결단을 충실하게 지키고 있었다. 그 결과 그는 수많은 사람의 마음을 감동시켜 다른 사람들로 하여금 주님을 만나게 했다. 그는 자기 가족에게 엄청난 유익을 가져다주었다. 친구들의 마음을 따뜻하게 해주고 풍요롭게 해주었다.

감사를 드리기 위해서는 시간이 필요하다.
감사를 드리기 위해서는 생각이 필요하다.
감사를 드리기 위해서는 온유한 마음이 필요하다.

우리가 감사를 표현하는 대상이 하나님인지, 가족인지, 주변의 다른 사람들인지는 중요하지 않다. 감사를 표현하는 행동에는 따스한 마음이 담긴 감사 편지를 쓰는 것, 전화를 거는 것, 아니면 마음 깊이 느낀 감사를 표현하기 위해 개인적인 방문을 하는 것도 포함될 수 있다.

어떻게 하면 감사를 가장 잘 표현할 수 있을지 신중하게 생각하는 것도 매우 가치 있는 일이다. 가식이나 아첨 없이 정직하고 진실하게 전하는 감사가 상대방에게는 큰 의미가 있다.

결국 애정을 담아 표현할 때 감사는 삶의 빛나는 요소가 될 수 있다. 사실 전혀 대수롭지 않은 일인 양, 무뚝뚝한 태도로 감사를 표현하는 경우가 너무 많다. 사실은 그 반대여야 한다. 애정을 담아 진지하게 전달하면 감사는 지속적인 축복이 될 수 있으며, 영원한 사랑의 연합이 이루어지게 하는 선의의 몸짓이 될 수 있다.

몇 년 전에 있었던 소소하지만 아주 소중한 사건이, 내가 말하려고 하는 요점을 잘 설명해 준다. 나는 사역을 하고 있는 젊은 목회자 부부를 격려하기 위해 그들의 집으로 찾아갔다. 두 사람은 아주 열악한 지역에 살고 있었다. 그래서 나는 가끔 해왔던 대로 그들을 격려하고, 그리스도에 대한 그들의 믿음을 굳건히 하기 위해 방문했었다.

밖이 점점 어두워지고 있었다. 나는 위쪽 도로에 주차해 놓은 내 차에 가려고 해질녘 어스레함을 뚫고 좁은 길을 올라갔다. 희미한 불빛 속에서 어떤 젊은 여성이 길 꼭대기에 서 있는 것을 볼 수 있었다. 그녀를 바로 알아보지는 못했지만 가까이 다가가면서 인사를 했다.

인사 몇 마디를 나눈 뒤, 그녀가 갑자기 이렇게 말했다. "켈러 씨 아니세요?" 나는 그렇다고 대답했다. 그러자 그녀가 갑자기 아주 이례적인 언행을 보였다.

"당신이 바로 몇 년 전에 우리 어머니와 아버지에게 그리스도를 전한 분이군요. 그리스도께서 우리 집과 우리 삶과 우리 가족 전체를 변화시키셨어요!" 그것은 놀라울 정도로 진실하게 표현된 순전한 감사의 표현이었다. 왜냐하면 나는 몇 년 동안 그 가족을 만나 보지 못했기 때문이다.

그녀는 재빠르고도 포근하게, 부드럽지만 힘차게 나에게 진심 어린 포옹을 해주었다. "감사합니다! 감사합니다!" 그녀는 몇 분 동안 부드러운 목소리로 몇 번이나 이렇게 말했다.

차를 몰고 집에 돌아오는 길에, 그녀의 부모님을 만났던 날의 기억이 선명하게 눈앞에 펼쳐졌다. 그녀가 작은 꼬마였을 때 그녀의 어머니는 특

수 병실에 입원해 있었다. 그런데 예후가 절망적이었다. 그녀의 아버지는 자포자기한 상태로 하나님에게서 멀리 떨어져 있었고, 깊은 절망에 빠져 있었다. 그러나 그리스도께서 오셔서 그 모든 상황을 바꾸어 주셨다! 정말 놀라운 소망과 도움과 기쁨과 행복을 주셨다.

그리고 그날 해질녘 그 집 딸이 아주 멋지게 감사를 표현한 것이다.

그것은 지극히 평범한 날을 갑작스럽게 빛나는 날로 만든 행동이었다. 그녀는 진정한 감사를 표현하는 것을 부끄러워하지 않았다. 그로 인해 그녀는 내 삶을 풍요롭게 했을 뿐만 아니라, 우리 아버지의 사랑 가득한 마음에도 커다란 기쁨을 안겨 드렸다.

내가 이해하고 있는 바로는 이러한 감사야말로 하나님께 드리는 진정한 찬양이며, 우리 영혼을 위한 힘이다.

나는 진심을 다해서 이 말을 하겠다. 인생의 험난한 여정을 가고 있는 평범한 사람들인 우리는 우리가 감사의 대상이라는 것을 알 필요가 있다. 우리는 "감사합니다!"라는 우리 영혼에 힘을 주는 간단하면서도 감동적인 말을 들어야 할 필요가 있다. 우리는 누군가가 충분히 관심을 가지고 멈춰 서서 "잘했어!"라고 말할 때 우리에게 임하는 영혼의 감동이 필요하다.

이것은 우리의 순례길에 목적을 주고 우리가 살아갈 날들에 방향을 제시해 주는, 살면서 맛보는 깊은 기쁨의 일부다. 그것은 우리의 발걸음을 가볍게 하고, 눈에 미소를 띠게 하며, 우리가 노래하도록 만든다.

이와 꼭 마찬가지로 우리 아버지 하나님도 우리의 감사가 필요하시다. 나는 설교자들이 "하나님은 모든 일을 자기가 원하는 대로 하십니다. 하나님은 우리를 필요로 하지 않으십니다!"라고 말하는 것을 여러 차례 들은 적이 있다. 그 말은 전혀 사실이 아니다. 그것은 거짓말이다!

하나님은 자신을 위해 우리를 만드셨다. 하나님은 사랑하는 자녀인 우리를 애타게 원하신다. 우리를 자신에게로 이끄신다. 우리의 신실한 사랑과 협력을 갈망하신다. 하나님은 우리의 진심 어린 감사와 감사하게 여기는 뜻을 기뻐하신다.

우리가 깊은 감사를 드리는 것이야말로 하나님께 가장 큰 영광을 돌리는 일이다. 그러한 감사는 우리가 이해할 수 없는 기쁨과 복을 하나님께 가져다 드리게 된다.

하나님은 말씀을 통해 우리에게 수백 번이나 하나님을 실제로 송축하고, 공경하며, 찬양하라고 권면하셨다.

체계화된 교회 예배의 형식으로 조직되고 갖추어지거나, 격식 있고 경건해 보이는 방식으로 하라는 것이 아니다. 그보다는 진실하고 자발적으로, 하나님과 친밀히 교제하는 가운데 자주, 아주 개인적으로 우리 영혼을 하나님께 쏟아 내라고 하신다.

감사를 하는 데는 시간이 필요하다. 깊은 생각도 필요하다. 사람에게도 마찬가지지만, 하나님께 진정한 감사를 표현하기 위해서는 애정도 필요하다.

그것은 나의 가장 가까운 동료이자 사랑하는 친구이신 그리스도와 단둘이 있는 것을 의미한다.

여기에는 아버지께서 들으실 수 있도록 경이로움과 경외심, 사모하는 마음을 쏟아 내는 것이 포함된다.

또한 내 영이 하나님의 성령과 갖는 고요하고 잠잠하며 내밀한 교제가 요구된다.

하나님께 적절하게 감사를 표현하려면 하나님과 단둘이 있어야 한다.

그리스도께서는 이 땅에 거하실 때 친히 그렇게 하셨다.
그리스도께서 택하신 사람들도 역사를 통해 그렇게 해왔다.
그리스도께서는 우리의 영혼이 힘을 얻도록
오늘 우리에게도 그렇게 하라고 명하고 계신다.

우리 모두는 그리스도와 개인적인 시간을 보낼 은밀한 장소를 찾아야 한다. 거기에는 틀림없이 특별한 만남이 있을 것이다. 그곳은 우리에게 평화롭고 소중한 장소가 될 뿐만 아니라, 그 시간은 우리가 힘과 평온을 얻는 시간이 될 것이다.

어떤 사람들에게는 외부의 산만함을 차단할 수 있는 곳, 소위 '골방'이 그런 장소일 것이다. 어떤 사람들은 그들의 정원에서, 집의 조용한 구석에서, 고요한 빈 예배당에서, 조용히 산책하면서, 숲속이나 바닷가나 공원이나 산 위 외딴곳에 숨어 있는 장소에서 그런 시간을 가질 것이다.

나의 경우에는 위에서 언급한 장소 중 후자가 가장 잘 맞았다. 복잡하고 어지러운 세상의 답답한 혼란을 떠날 수 있는 장소들이다.

이러한 시간은 일정표를 따르는 식으로 보내서는 안 된다. 어떤 의식에 불과한 것으로, 습관적인 것으로 전락해서는 안 된다. 그 시간은 자발적이어야 하며, 솟아나는 감사가 가득해야 하고, 기쁨에 찬 감사로 충만해야 한다.

그 모든 추진력은 하나님의 관대하심, 하나님의 위대하심, 하나님의 선하심, 하나님의 은혜로우심, 하나님의 장엄하심, 하나님의 온유하심에서 비롯된다.

단순히 영적인 차원에서뿐 아니라, 우리 주변의 모든 삶에서 나타나는 하나님의 임재하심의 소중한 영향에 있어서도 그렇다.

나는 땅에서, 들에서, 숲에서 하나님의 임재하심을 느낀다.

나는 꽃에서, 풀과 관목에서 하나님의 임재하심을 느낀다.

노래하는 시냇물에서, 속삭이는 소나무들에서, 하나님의 임재를 노래하는 수많은 새에게서도 하나님의 임재하심을 느낀다.

하나님의 평화, 하나님의 능력이 나에게 임하고, 나는 그것에 대해 감사를 드린다.

나는 하나님이 내 모든 질병을 치유하셨던 일을, 영혼을 회복시키셨던 일을, 심령을 일으켜 주셨던 일을 회상해 본다. 그러면 내 안에서 감사가 넘쳐흐른다.

나는 지혜와 힘을 주시는 하나님의 모든 은혜에 대해서, 친구들과 동료 그리스도인들에 대해서, 하나님이 언제나 신실하심에 대해서 목소리 높여 감사를 드린다.

이러한 모든 감사를 드리는 가운데 하나님은 송축을 받으시며, 내 영혼은 하나님 안에서 강건해지게 되는 것이다.

9
좋은 유머는
도움과 치유와 소망을 가져온다

하나님은 우리가 삶의 우여곡절을 그분의 능력으로 극복하기를 바라신다. 우리 영혼의 힘과 심령의 낙천성은 하나님의 성령과 밀접한 관련이 있다. 우리는 하나님과의 교제를 즐기며, 하나님의 구원을 기쁜 마음으로 확신한다. 그러하기에 실제로 우리는 어려움에 직면해서도 웃을 수 있다.

유머라고 다 같은 유머가 아니다. 마음을 편하게 해주는 유쾌한 유머가 있는가 하면, 범죄를 소재로 한 냉소적인 '블랙 유머'(black humor)가 있다. 건전한 말장난이 있는가 하면, 음울한 냉소도 있다. 점잖은 농담이 있는가 하면, 금단의 성적 암시가 담긴 중의적인 저속한 이야기들도 있다. 기운을 북돋는 말이 있는가 하면, 냉혹한 풍자도 있다. 이런 식으로 나열하라고 하면 계속 나열할 수 있다.

하나님의 자녀인 우리는 그 차이점을 알아야 한다. 아버지께서 아름다운 은혜로 우리에게 주시는 즐거운 유머가 있다. 그러한 유머는 어려운 상황에 있을 때 도움을 준다. 망가진 몸, 망가진 마음, 망가진 소망에 치유를 선사한다.

나는 그러한 유머가 우리의 행복과 만족을 위해 인류에게 주어진 최상의 선물 가운데 하나라고 생각한다.

그러나 마찬가지로, 우리 사회에는 하나님을 모르는 사람들이 만든 추잡한 냉소주의도 널리 퍼져 있다. 절망과 어둠에 빠져 있는 그들은 고상한 것을 경시하고, 아름다운 것을 비하하는 냉혹한 풍자들을 고안해 내고 있다.

이 비꼬는 유머가 우리 주변에 빠른 속도로 퍼지고 있다. 이러한 유머는 책과 잡지, 신문, 가장 인기 있는 TV 프로그램에서 흔히 볼 수 있다. 이러한 유머가 예리하고 세련된 것으로, 심지어 아주 재치 있는 것으로 선전되기도 한다. 그리고 놀랍게도 일부 그리스도인들은 실제로 그러한 유머를 즐기기도 한다.

대중의 찬사를 얻기 위해 설교자들과 강사들, 교사들이 이러한 농담과 저급한 유머를 자주 사용하고 있다.

미주 대륙의 대형 교회 가운데 하나인 어떤 교회가 사람들로 꽉꽉 들어차고 있다고 한다. 그런데 그 이유가 그 교회의 목사가 아주 재미있다는 것이다. 그 목사가 하나님의 말씀에서 무엇을 그들에게 가르쳤는지 물어보았더니, 인터뷰를 한 교인 가운데 제대로 대답하는 사람들이 없었다. 그러나 그들은 모두 한결같이 목사가 한 농담을 되뇌이면서 "이 목사님은 아주 끝내줘요! 당신도 목사님의 유머에 홀딱 반하게 되실 거예요!"라고 덧붙였다. 이처럼 교회는 서커스장으로 변해 가고 있다.

30여 년 전에 있었던 이러한 종류의 개인적인 만남을 회상하고 있노라면 마음에 큰 고통이 몰려온다. 그때는 내가 그리스도를 진정으로 알기 위해 애쓰고 있었던 중요한 시기였다.

몇몇 친구가 나에게 남부의 주(州)들에서 유명한 강사가 이끄는 인기 만점인 특별 집회에 참석하라고 권유했다. 그 강사의 모든 강의는 온통 재미있는 이야기와 색다른 위트, 선정적인 유머로 가득했다. 귀가 얇은 청중의 대부분은 그가 재미있는 사람이라고 생각했다.

그러나 나는 완전히 실망했다. 실제로 나는 내 영혼이 아주 간절하게 갈망했던 영원한 진리를 박탈당한 것 같은 배신감마서 들었다. 나는 너무 화가 나서 그 강사에게도 그 사실을 알렸다. 그 이후로 그의 광대 짓에 변화가 생겼는지는 전혀 알 수 없었다.

이러한 행위와 뚜렷하게 대조되는, 기분을 좋게 하는 말과 고상한 유머와 건전한 농담이 있다. 이러한 것들은 삶의 모든 것을 풍요롭게 해준다. 우리 자신은 물론, 주변 사람들에게도 기쁨과 행복을 안겨 준다.

내 친구들은 내가 유쾌한 농담을 얼마나 즐기는지 잘 알고 있다. 그들은 내 영혼에서 솟아나는 전염성 있는 즐거움, 진심 어린 기쁨, 웃음에 대해 종종 이야기하곤 한다. 내 친구들은 나의 웃음소리를 듣는 것을 좋아한다. 그리고 내가 해주는 즐거운 이야기를 재미있게 듣는다. 그런데 그 이야기 가운데 많은 것은, 하나님이 풍요롭게 하시는 우리 인생의 밝은 면을 보는 데 있어, 고상한 유머와 격려가 얼마나 중요한지 보여 준다.

나는 내 기질의 이러한 면을 부끄러워하지 않는다. 왜냐하면 그것이 비극적인 우리 시대의 온갖 슬픔, 스트레스, 죄에 대한 건전한 해독제가 되기 때문이다. 궁지에 몰려 있는 상황에서도 웃을 수 있는 능력은 종종 위기 가운데 균형과 평정을 가져다준다. 이러한 고상한 유머는 스트레스를 해소해 주고, 근심이나 분노를 감소시키기도 한다. 우리가 화를 내지 않고 마음이 자비로운 사람이 되려면, 이러한 고상한 유머가 삶의 필수 요소다.

앞에서 말한 유명한 설교자와 그의 독특한 말장난 사건 직후에, 나는 캐나다의 태평양 연안에서 사역하는 선교 보트에 승선해 달라는 초대를 받았다. 배 안에는 유머가 넘치는 삶을 살고 있는, 거칠고 나이 많은 선원들이 있었다.

그 선원들은 작은 배를 타고 '태평양의 무덤'이라고 불리는 지역의 강력한 폭풍과 위험한 물살을 헤치면서 사역하는 아주 위험한 임무를 맡고 있었다. 그러나 그들은 사납고 험악한 서부 해안의 외딴 지역들에 거주하는 거친 사람들에게 활기를 불어넣어 주었다.

그 선원들은 따뜻한 유머가 섞인 진심 어린 동정심을 품고 벌목꾼과 어부, 광부, 인디언, 등대지기, 심지어 사회에 등돌리고 이제는 험악한 해안에서 홀로 살겠다는 사람들까지 섬겼다.

이 강인한 사람들은 그 작은 배를 타면서도 전혀 불평하지 않았다. 자기들의 신세를 불만스러워하지 않았으며, 원망이나 침울함에 빠져 있지도 않았다. 오히려 그 배 전체는 생기가 넘치고 활기차며 역동적이었다.

왜냐하면 이 담대한 선원들이 하나님과 사람들을 위한 자기들의 사역에 불어넣는 아주 큰 즐거움 때문이었다. 이 일은 나에게 커다란 교훈이 되었다. 그리고 바로 그때부터 나는 어떤 대가를 치르더라도 그리스도를 진지하게 따르게 되었다.

그 이후로 여러 해 동안 나의 아버지께서는, 이 땅의 자녀들에게 베푸신 가장 좋은 선물 중 하나가 바로 도움을 주고 치유를 주는 '유머'라는 점을 분명히 알게 해주셨다. 우리가 그리스도께 인도하고 싶어 하는 사람들과 우리 사이에 선의의 다리를 놓고 싶은가? 그러면 하나님이 고안하신 것 가운데 이보다 더 도움이 되는 것은 거의 없다.

만일 우리가 어떤 상황에서도 웃을 수 있고, 유머 감각으로 삶의 역경에 대처할 수 있다는 것을 다른 사람들이 볼 수 있게 된다면, 영적인 문제에 대해 진지하게 이야기할 시간이 훨씬 빨리 오게 될 것이다. 그리스도에게서 우리에게 임하는 영혼의 평온한 힘을 이처럼 아주 분명하게 보여주는 삶의 측면들은 거의 없다.

유머와 즐거움, 낙관주의를 계발해야 한다. 이러한 것들은 의도적인 의지의 행동이 필요하다. 즉, 인생에 있어서 밝은 면을 보겠다고 하는 마음과 감정의 결단이 필요하다.

세상에는 그러한 것들이 별로 없기 때문에 웃음과 즐거움과 격려의 말을 삶에 흩뿌리는 것이 지혜로운 일이다. 그 어떤 것도 그렇게 영혼을 빨리 일으키고, 상처를 치유해 주지 못한다.

바로 앞의 글을 쓴 지 네 시간이 채 되지 않았는데, 긴급한 장거리 전화가 걸려 왔다. 가장 친한 친구 하나가 중대한 수술을 받기 위해 갑자기 병원에 입원했다는 것이었다. 불과 일주일 전에 받은 정기 건강 검진 때 의사는 그가 아주 건강하다고 말했었다. 우리는 이러한 문제에 대해 어떻게 대처할 수 있을까?

나는 재빨리 차에 올라타 속도를 내면서 달렸다. 저녁 늦은 시간이었지만 간호사들은 내가 시외에서 간다는 이유로, 면회 시간이 지났음에도 특별히 면회를 허락해 주겠다고 했다. 시내에 거의 다 왔는데, 낡고 오래된 차량이 쓰레기가 담긴 트레일러를 끌고 도로를 내려오고 있었다. 나는 가능한 한 빨리 병원에 도착하려는 생각에 재빨리 그 느린 차를 추월해 버렸다.

놀랍게도 그 느린 차량이 갑자기 속도를 내더니 병원 주차장까지 나를 바짝 따라왔다. 차에서 내린 화가 잔뜩 나서 흥분해 있는 남자를 마주했다. 그의 눈은 적개심으로 이글거렸고, 붉은 콧수염은 분노로 곤두서 있었다. 그는 내게 자기 차를 왜 그렇게 추월했느냐고 따졌다.

그는 욕설을 퍼부으면서 화를 내며 나를 꼼짝 못 하게 꾸짖었다. 나는 그의 휘젓는 팔에 가만히 손을 얹고서 저녁 늦게 내가 병문안을 오게 된 연유를 설명했다.

그러자 갑자기 그의 태도가 돌변했다. 그는 기세를 누그러뜨리더니 "오, 그랬군요! 저는 다만 선한 사마리아인이 되려고 했을 뿐입니다!"라고 외쳤다. 나는 터져 나오려는 웃음을 참느라 혼났다. "선생님도 알다시피 만일 선생님이 저를 그런 식으로 추월한 것을 경찰이 봤다면, 경찰은 선생님께 벌금 250달러를 물게 했을 겁니다!"

나는 그에게 따스한 미소를 지었고, 우리는 잠시 함께 웃었다. 그런 다음, 나는 그가 내민 손을 붙잡고 걱정해 줘서 고맙다고 인사하면서 아주 기분 좋게 헤어졌다.

나는 재빨리 아내가 애정을 담아 보낸 멋진 고데티아 꽃다발을 챙겼다. 아내가 이틀 전에 집을 꾸미려고 산 꽃이었다. 나는 꽃다발을 들고 문이 닫히기 직전에 급히 병원 안으로 들어갔다.

내가 친구의 병실에 불쑥 들어서자 진구가 기적적으로 베개에서 고개를 들어 큰 소리로 외쳤다. "하나님을 찬양합니다. 친구야, 네가 왔구나!" 늙은 영감쟁이들인 우리는 따스한 포옹을 나누고는 가끔 그래 왔던 것처럼 폭소를 터뜨렸다. 그러자 같은 병실을 쓰는 환자들이 모두 깜짝 놀랐다. 우리가 즐겁게 서로 우정을 나누며 격려를 했기 때문에 병실의 분위기가 평상시와는 전혀 달라졌다. 심지어 병실에 온 간호사들도 깜짝 놀라는 눈치였다.

친구는 입 안에 딱 하나 남은 치아가 보일 만큼 입이 찢어지도록 웃으면서 아침에 수술을 집도할 의사와 나눈 대화를 시시콜콜 말해 주었다. 그는 의사에게 이렇게 말했다. "선생님, 저는 이미 선생님을 위해 열심히 기도했습니다. 또 수술 스태프들과 보조하시는 모든 분을 위해서도 기도했습니다. 하지만 선생님이 아셨으면 하는 게 하나 있습니다. 선생님은 아주 귀중한 소유물을 수술하신다는 겁니다. 선생님은 제가 우리 아버지이신 하나님께 속해 있다는 걸 아시니까 아주 조심해서 수술에 임하셔야 해요. 이 몸은 제 것이 아니라 하나님 것입니다!"

우리는 이 말에 호탕하게 웃었다. 그런 다음, 친구는 자기가 어떻게 간호사들을 불러 도움을 청했는지 보여 주었다. 친구는 호출 장치의 버튼을 누르는 대신, 북처럼 팽팽하게 부풀린 가슴과 몸통을 두드려서 간호사들을 호출했다. 우리는 또다시 갈비뼈가 늘어나도록 폭소를 터뜨렸다. 그때 병실은 마치 빛으로 가득 차 있는 것처럼 보였다.

갑자기 친구가 나를 심각하게 바라보더니 낮은 목소리로 속삭였다. "필립, 이런 좋은 유머와 웃음이 이러한 곳에 어울리는 것 같다고 생각해?" 나는 애정이 담긴 진지한 마음으로 친구의 눈을 들여다보았다. 그런 다음 부드럽게 대답했다. "너의 그런 성품은 이곳에 있는 모든 사람을 어루만지도록 우리 아버지께서 너에게 준 특별한 선물이야!"

더 이상 말이 필요 없었다. 친구는 자신이 그곳에 있는 이유를 즉시 알게 된 것이다. 영혼의 평온한 힘으로 그의 얼굴은 밝게 빛났다.

친구는 내 손을 굳게 잡았다. 우리는 함께 조용히 기도했다. 내가 자리를 뜨려고 일어나자 친구가 조용히 말했다. "주님의 천사가 나를 방문했군." 모든 것이 잘되었다. 그것으로 충분했다.

친구의 몸 상태는 놀랄 만큼 회복되었다!

그 친구가 항상 이야기하는 단순하지만 놀라운 말은 "여호와를 기뻐하는 것이 나의 힘이다."라는 것이다.

우리도 다 그렇게 될 수 있다.

우리 아버지께서는 자녀들이 삶의 우여곡절을 그분의 능력으로 극복하기를 바라신다는 사실에는 의문의 여지가 없다. 우리 영혼의 힘과 심령의 낙천성은 하나님의 성령과 밀접한 관련이 있다. 우리는 하나님과의 교제를 즐기며, 하나님의 구원을 기쁜 마음으로 확신한다. 실제로 우리는 어려움에 직면해서도 웃을 수 있다!

갈렙은 숱한 세월로 잔뼈가 굵어진 노장이었음에도 오래전에 "이 산지를 내게 주소서!"라는 감동적이고도 가슴이 뛰게 하는 도전적인 말을 외쳤다.

우리에게는 모두 자기만의 '산지'가 있다. 그 모양과 크기는 제각각이다. 그러나 이 산지는 우리 영혼의 힘과 심령의 평온함, 그리스도 안에 있는 고요한 확신에 대한 도전으로 우리 앞에 놓여 있다.

그러한 산지를 극복하고, 높은 산지를 무너뜨려 낮은 언덕이 되게 하고, 산지를 바다에 던져 버려 더 이상 기억나지 않게 하는 가장 큰 비결은 하나님을 조용히 신뢰하는 것이다. 하나님은 거듭해서 그렇게 하라고 우리에게 요청하신다. 하나님의 단순한 명령은 언제나 이것이다. "나를 믿고 신뢰하라!"

어린아이처럼 단순한 마음으로 하나님을 신뢰하는 사람은 웃음과 선의와 온화한 낙천주의라는 특유의 즐거운 태도를 지니고 있다. 그것은 산을 옮기는 영혼의 태도다. 우리 자신의 삶뿐 아니라, 자기 힘으로 산을 극복할 수 없을 것처럼 보이는 다른 사람의 삶에서도 말이다.

이틀 전에 우르줄라와 나는, 우리의 방문을 요청한 한 여성의 집을 찾아갔다. 우리가 도착했을 때 그녀는 우리를 만나지 않겠다고 했다. 그것은 그 여인이 너무나 큰 고통을 겪고 있었기 때문이었다.

간병인은 다른 날 와달라고 말했다. 나는 우리를 들여보내 준다면 아주 잠시만 있다가 가겠다고 간병인을 설득했다. 간병인은 우리를 들여보내 주었다.

그 불쌍한 여인은 침대 위에서 몸부림치고 있었다. 육체의 끔찍한 고통 때문에 그녀의 눈은 비통함과 짙은 절망감으로 가득 차 있었다. 몇 분 동안 부드럽게 대화를 나눈 다음, 나는 그녀를 위해 기도해도 괜찮겠냐고 물어보았다.

우리는 겸손하게 고개를 숙였다. 그녀의 몸을 어루만져 주시고, 그녀의 심령에 위안을 주시기를 그리스도께 간청했다. 그런 다음 우리는 그 집을 나왔다. 그렇게 하는 데에는 5분 정도가 걸렸다.

다음날 그녀는 아주 기쁘게 우리에게 전화를 했다. 우리가 떠난 후 그녀는 완전히 쓰러질 정도로 펑펑 울었다. 그런데 그러고 나서 갑자기 그녀의 고통이 놀랍게 사라졌다는 것이다. 참으로 그리고 실제로 하나님이 그녀에게 슬픔 대신 기쁨의 기름을 주시고, 근심 대신 찬송의 옷을 주셨던 것이다.

이 사건으로 인해 우리 역시 기쁨으로 가득 찼고, 우리 아버지께 드리는 찬양이 흘러넘치게 되었다는 사실이 놀랍지 않은가? 정말로 고통과 고뇌의 산이 옮겨졌다. 그 일로 인해 우리는 모두 소망으로 가득 넘쳤다.

그렇다, 정말 그렇다! 하나님을 심각하게 받아들이는 유익하고 좋은 유머가 우리에게 있으면 우리 삶에 도움과 치유와 소망이 있다! 우리 가운데 너무나 많은 사람이 세상을 너무 심각하게 받아들인다. 문제를 너무 심각하게 받아들인다. 삶의 역경을 너무 심각하게 받아들인다.

기운을 내어 흔들리지 않는 용기와 고상한 유머로 삶의 도전들에 대처할 때, 우리는 그리스도의 위대한 권위로 그 도전들을 이길 수 있다. 그리스도께서 우리 안에 거하신다. 그분의 자원이 우리의 자원이다. 그리스도께서는 실제로 그분의 가장 강력한 대적들을 비웃고 계신다. 우리도 그래야 한다! 반드시 그렇게 해야 한다!

이 세기가 끝나 가는 때인 지금은, 그리스도인들이 교회에서 개인적인 행복과 값싼 여흥을 찾으려고 애쓰는 것에 관심을 줄여야 할 때다. 지금은 그리스도의 부활 생명의 능력 안에서 그분을 알아야 할 때다. 그래야 자신을 대적하는 악의 세력을 비웃을 수 있다. 그래야 영혼이 힘을 얻고, 그리스도의 능력으로 나아가 산을 옮길 수 있다!

10
다른 사람의 짐을 벗겨 주라

하나님이 우리에게 주시는 아름다운 보너스는, 우리 영혼 속에 선을 행하려는 의지가 가득해진다는 것이다. 이것이 바로 믿음이 강해지고, 우리가 그리스도와 갖는 친밀한 교제가 활력을 얻는 방법이다. 당신이 다른 사람의 짐을 벗겨 주기 위해 어떤 일을 하든지 간에, 당신의 영혼은 강건해지고 영감을 얻게 될 것이다.

하나님이 사람에게 이제까지 하신 가장 강력한 초청 가운데 하나는 그리스도께서 조용히 말씀하신 "수고하고 무거운 짐 진 자들아 다 내게로 오라 내가 너희를 쉬게 하리라"(마 11:28)라는 말씀이다.

그리스도께서 하신 다른 말씀들의 경우와 마찬가지로, 이 부르심에 응답하여 많은 사람이 나아왔을 것이다.

그 이유를 찾기 위해 굳이 멀리까지 나갈 필요가 없다. 우리가 삶의 길에서 만나는 거의 모든 사람이 실제로 심각한 개인적인 문제 때문에 괴로워하고 있기 때문이다.

그들은 모두 절망과 좌절과 슬픔 가운데 자신을 짓누르는 무거운 짐을 지고 있다.

이 말은 생계를 유지하거나, 만족스러운 직업을 구하거나, 가족을 부양하거나, 건강이 나빠지거나, 아니면 스트레스 때문에 오는 어려움 등의 인생의 주요한 역경을 가리키는 말이 아니다.

나는 오히려 그리스도께서 이와 같은 문제들을 다 잘 알고 계셨다는 사실에 만족한다. 그리스도께서는 먼지투성이의 목공소에서 오랫동안 일하셨으며, 홀어머니와 어린 동생들을 부양해야 하는 무거운 책임을 지는 일에 대해 잘 알고 계셨다.

이후에 그리스도께서는 고향 땅을 두루 다니면서 여러 가지 문제를 안고 있는 사람들을 어루만져 주셨다. 그리스도께시는 굶주린 사람들을 먹이셨다. 온갖 병에 걸린 사람들을 고쳐 주셨다. 맹인이 눈을 뜨게 만드셨고, 슬퍼하는 사람들을 위로하셨고, 죽은 자를 살리셨고, 귀신과 악한 영들을 쫓아내셨고, 낙담하여 자신에게 온 모든 사람에게 위로와 용기를 주셨다.

그렇다. 그리스도께서는 여러 가지 방법으로 다른 사람들의 짐을 벗겨 주셨다. 그리스도께서는 그분의 제자인 우리에게도 같은 일을 하라고 명하신다.

현대의 교회와 20세기 그리스도인들은 대체로 이러한 일을 하는 데 인색하지 않았다. 하나님의 백성은 전 세계 어디든지 가는 곳마다 필요한 사람들에게 도움과 치유와 소망을 가져다주었다. 그런데도 대중 매체들은 헌신적인 사람들이 전 세계에서 행한 뛰어난 업적들을 무시하거나, 고의로 간과하거나, 심지어 조롱하기도 했다. 이는 순전히 언론인 대부분이 그리스도께 나아온 적이 전혀 없기 때문이다. 그들은 그리스도를 멸시하고 배척한다. 사회 문제를 풀기 위해 인간의 계획과 정부 기관, 정치 전문가에게 의존하기를 좋아한다.

그렇더라도 하나님의 자녀인 우리는 아주 실제적인 방식으로 다른 사람들의 짐을 벗겨 주는, 개인적이고 사적인 의무를 포기해서는 안 된다. 우리는 외로운 사람의 친구가 될 수 있다. 아픈 사람과 시간을 함께 보낼 수도 있다. 가난한 사람을 도와줄 수도 있다. 슬퍼하는 사람과 함께할 수도 있다. 절망 가운데 있는 사람을 격려할 수도 있다. 하나님을 위해 위대한 일을 시도하라고 젊은이들을 독려할 수도 있다.

여러 가지 다른 방식으로, 여러 다른 날에 우리는 힘겹게 살아가는 사람들에게 친절과 사랑과 긍휼을 베푸는 매우 선한 일을 행할 수 있는 것이다. 자주 인용되고 있는 문구에서처럼 "지금도 주님은 우리를 통하여 힘겹게 살아가는 수많은 영혼을 어루만지실 수 있다." 우리는 실제로 진실하고, 실질적이고, 순전하고, 겸손한 섬김으로 다른 사람들의 짐을 덜어 주고, 그들이 짐을 지는 것을 도와주는 사람이 될 수 있다.

그러나 우리 주변 사람들을 노예 상태와 속박에 얽매이게 하여 그들의 실존이 끔찍한 투쟁이 되게 하고, 그래서 그들의 일상적인 행동들이 감당하기 힘든 고통스러운 짐이 되게 하는 삶의 차원이 있다. 내가 지금 말하고 있는 것은 영혼 안에서 사납게 일어나는 내적인 투쟁이다. 심령의 어둡고 은밀한 죄들이 그들을 우리 아버지 하나님에게서 멀어지게 했다.

사람들은 대부분 만족을 찾는 내면의 깊은 열망을 가지고도 그들이 찾는 것을 얻지 못한다. 외적으로는 성공을 과시하지만 내적으로는 공허함과 권태감을 익히 안다는 것은 비통한 일이다. 우리는 대부분 이러한 짐을 벗겨 주려는 노력을 거의 하지 않는다. 실제로 우리는 그러한 일을 시도하는 것조차도 두려워하고 있다. 그 일은 너무 벅차고, 너무 어려운 것처럼 보인다.

흔히 이러한 생각이 드는 이유는 우리 자신의 짐이 아직도 벗겨지지 않았기 때문이다. 우리 자신이 그리스도께 나아가 주님 안에서 해방을 누린 적이 전혀 없기 때문이다. 우리 사신에서 자유롭지 못한 것이다.

우리는 아직 영혼의 온전한 만족을 찾지 못했다.
우리는 주님이 주시는 안식을 조금도 알지 못한다.
우리에게는 다른 사람들의 짐을 벗겨 줄 수 있는 영혼의 힘이 없다.
우리는 자신이 가지지 않은 풍성한 생명을 나누어 줄 수 없다.

그러기에 우리는 무서운 속박의 짐에 눌려 무너진 채로 자유를 찾고자 힘겹게 우리를 찾아온 사람들을 회피하게 되는 것이다. 우리는 그 사람들을 목회자에게, 전문 상담사에게, 심지어 심리학자나 정신과 의사에게 보내는 것을 선호한다.

그러나 더 좋은 방법이 있다.

평범한 사람인 우리도 다른 사람들의 짐을 벗겨 줄 수 있다.

이 말이 정확히 무슨 의미인지 알려 주기 위해 바로 지난주에 있었던 일을 이야기해 보겠다.

목요일 저녁 늦은 시간에 전화가 울렸다. 골짜기 아래 사는 한 남자가 불안해하며 걸어 온 장거리 전화였다. 그의 심령은 괴로운 상태였고, 영혼에 깊은 고통을 겪고 있었다. 그는 나를 만나야만 한다고 했다. 그가 나를 떠올린 유일한 이유는, 8개월 전에 내가 그 지역에서 강의를 했을 때 그와 그의 아내가 여러 번 참석했기 때문이었다.

우리는 그의 마을에 있는 작은 예배당에서 은밀히 만나기로 했다. 다음 날 아침 차를 몰고 내려가는데, 그 사람이 그리스도를 생생하고 역동적이며 개인적으로 만나게 되기를 바라는 깊은 간구가 내 영혼에서 쏟아져 나왔다.

우리는 예배당 맨 앞의 소박한 나무 의자에 나란히 앉았다. 조그마한 예배당 안은 시원하고 평온했으며 아주 조용했다. 우리는 둘 다 그리스도의 임재하심이 우리를 감싸고 있는 것을 강하게 느낄 수 있었다. 나는 그저 듣고 있기만 했다!

그는 아주 솔직하고, 허심탄회하고, 진지하게 자기 인생 이야기를 모두 쏟아 냈다. 그것은 자신의 비열한 행동의 속박에서 벗어나기 위해 몸부림치며 분투하는 내용의 이야기였다. 그는 교회에 등록하고 세례를 받았다. 기독교 서적들을 읽고 테이프도 들었다. 거의 20년 동안 교회 활동에 적극적으로 참여했다. 자신이 그리스도인이라 생각했고, 다른 사람들도 그를 그렇게 여겼다.

그러나 그는 그렇지 않았다! 그는 여전히 자기 정욕의 노예였고, 오래된 욕망에 빠져 있었다. 이기심과 자기만족이라는 끔찍하고 견딜 수 없는 짐 때문에 괴로워하고 있었다. 비극적인 이야기가 그에게서 퍼붓듯이 쏟아져 나왔다.

나는 조금도 그의 과거를 캐묻거나 파고들지 않았다. 그저 듣고 있기만 했다. 그러나 하나님의 은혜로우신 성령께서 아주 적극적으로 역사하셨다. 이 길급한 영혼을 죄와 익행에 대한 깊은 깨달음에서 경건한 슬픔을 감동적으로 표현하도록 이끌어 가신 것이다.

이것은 우리의 교회에서 보기 드문 진정한 회개였다.

그 사랑스러운 사람은 몇 번씩이나 그리스도께 자비와 긍휼하심을 자신에게 베풀어 주시기를, 자신을 용납하여 주시기를 부르짖었다. 그의 뺨 위로 눈물이 폭포처럼 흘러내렸다. 꿇어 엎드린 영으로, 회개하는 마음으로 자신의 짐이 벗겨지기를 간구하는 영혼이 거기에 있었다.

복잡한 설명 없이, 나는 그에게 그리스도에 대한 두 가지 엄청난 진리에 대해서 확신을 심어 주었다.

첫째로, 그리스도께서는 죄인들을 받아 주시는 분이라는 것이다. 그리스도께서는 이렇게 말씀하신다. "아들아, 네 죄는 용서받았다."

둘째로, 그리스도께서는 우리를 자유롭게 하시는 분이다. 그분이 우리를 우리 자신에 대한 노예 상태에서 자유롭게 하시며, 죄의 종노릇하는 데서 자유하게 하시고, 사탄을 섬기는 데서 자유롭게 하신다. 삶의 불안에서 자유롭게 하셔서 주님을 기쁘게 따르게 하신다.

마을 예배당의 부드럽고 평온한 빛 가운데서, 이 은발의 신사는 실제로 절망의 어둠에서 벗어나 그리스도와 함께하는 사랑스러운 빛으로 옮겨 갔다. 자기 영혼의 죄 때문에 몸부림쳤던 그가 자유롭게 되어 하나님의 용서 받은 아들로서 새롭고 풍성한 삶을 살기 시작했다. 그의 짐이 벗겨진 것이다. 죄책감이 사라졌다. 용납하시고, 정결하게 하시고, 회복시키시는 그리스도의 손길 속에서 그 죄의 더러움이 씻겨 나간 것이다.

이제 그의 회한은 부끄럼 없는 기쁨의 눈물로 바뀌었다.

우리는 부드러우면서도 뜨겁게 서로를 껴안았다. 헤어지면서 나는 살며시 말했다. "집에 가서 하나님이 당신을 위해 행하신 일을 아내에게 말해 주기를 바랍니다."

바로 그날 금요일 저녁에 다시 전화가 울렸다. 이번에도 골짜기 아래에서 걸려 온 장거리 전화였다. 그런데 이번에는 그의 아내였다. 그녀는 나를 만나야만 한다고 했다. 나는 다음날 아침에 제일 먼저 그녀를 만나겠다고 했다.

나는 이 부부에 대한 아주 깊은 관심 때문에 토요일 새벽 4시에 일어났다. 나는 아주 간절한 심령으로 삶을 변화시키는 만남을 우리에게 주시기를 그리스도께 간구했다. 골짜기를 내려가는 내내 끊임없는 중보 기도가 내 영혼에서 쏟아져 나왔다.

나는 엄청난 암벽에 인접해 있고, 평지에 있는 그들의 작고 소박한 집으로 갔다. 나는 그녀의 남편에게 그의 아내와 대화를 나누는 동안 산책이나 하고 오라고 부탁했다. 몇 분 만에 나는 그녀의 집 뒤에 있는 황량한 잿빛 화강암 절벽처럼 기질이 억세고, 단호하고, 만만찮은 사람이 내 앞에 있다는 것을 깨달았다.

그녀의 턱은 단단히 고정되어 있었다. 눈은 분노와 적개심으로 가득 차 있었다. 양해를 구하는 말도 없이, 그녀는 그들 부부에게는 사실 친구가 없다고 딱 잘라 말했다. 그러나 거의 동시에 그녀는 자신의 삶 전체를 교회에서, 교회를 위해, 교회를 돕는 데 쏟아부었다고 말했다.

나는 다시 조용히 앉아 귀를 기울였다. 그녀의 완고하고 억센 태도를 다루실 분은 그리스도의 영이어야 할 것 같았다. 그녀는 자신을 그리스도인이라 여기고 있었다. 그러나 장황하게 이야기를 늘어놓으면서, 놀랍게도 그녀는 자신이 그리스도인이 아니라는 것을 이내 깨닫기 시작했다. 나는 그저 듣고 있기만 했다.

그녀는 조금씩 자신이 엄청난 분노에 끔찍하게 사로잡혀 있다는 사실을 깨닫기 시작했다. 그녀는 자신이 냉혹한 비판 의식에 얽매여 있다는 것을 처음으로 깨달았다. 하나님의 은혜로우신 성령의 깨닫게 하심을 통해 그녀는 자신을 속박하고 있는 극심한 반감과 악한 질투심을 발견했다. 내 눈앞에서, 그녀는 영혼에 갑작스럽고 놀라운 회한을 느끼며 울고 또 울기 시작했다. 그녀의 남편은 자기 아내가 울지 않을 것이라고 말했었다.

그 토요일 아침에, 그 소박한 집에서 "수고하고 무거운 짐 진 자들아 다 내게로 오라 내가 너희를 쉬게 하리라"(마 11:28)라고 말씀하신 주님이 그들의 평생의 짐을 벗겨 주셨다.

너 자신에게서 벗어나 쉬게 하리라.
영혼의 수치와 분투에서 벗어나 쉬게 하리라.
죄와 죄의 모든 무서운 태도에서 벗어나 쉬게 하리라.
미혹하는 사탄에게서 벗어나 쉬게 하리라.

'교회를 다니는 사람', '선을 행하는 사람', '위선자'가 회개의 경건한 눈물을 흘리며 무릎을 꿇고, 자기에게 자유를 주실 수 있는 유일한 분인 그리스도를 영접했다.

자기 잘못을 인정할 수 있는 자유, 하나님의 용서를 받아들일 수 있는 자유, 자신이 우리 아버지의 가족에 참으로 속해 있다는 것을 오랜 시간이 흘러 마침내 알 수 있는 자유를 얻었다.

나는 그녀의 남편을 찾으러 밖으로 나갔다. 그는 이제 막 돌아오는 참이었다. 그가 조용히 안으로 들어왔고, 우리는 셋이 함께 자리에 앉았다. 나는 두 사람에게 정확히 무슨 일이 일어났는지 부드러우면서도 진지하게 설명했다. 그들은 이전에는 그리스도께서 무슨 일을 하실 수 있는지 전혀 알지 못했다고 했다.

그리스도께서는 두 사람의 짐을 벗겨 주셨다. 그들을 자유롭게 하셨다. 그들은 완전히 용서를 받았다. 그들은 하나님의 자녀로서 이제, 바로 그 시간부터 주님과 동행하며 기쁘고 풍성한 새로운 삶을 시작할 수 있었다.

그들은 그러한 삶을 시작했다.
우리의 눈에서는 순전한 기쁨의 눈물이 흘러내렸다.
흐르는 눈물을 닦느라 연신 화장지를 뽑아야 했다.

두 사람은 나이에 비해 놀라울 만큼 민첩하게 벌떡 일어나더니 나를 꼭 껴안아 주었다. 그러고는 좀처럼 보기 드문 애정을 쏟으면서 서로의 팔에 안겼다.

거룩한 시간이었다. 나는 우리가 거룩한 장소에 서 있음을 알게 되었다. 이제는 내가 경외심과 경이로움을 느끼며 그곳을 떠날 시간이기도 했다. 이글거리는 여름 태양 빛 아래에서 차를 몰아 집에 돌아오는데, 하나님의 성령의 바람이 내 심령에 새롭게 불어왔다. 모든 일이 잘되었다!

내가 시간을 들여 이 사건들을 이렇게 자세히 설명하는 이유를 독자들이 궁금해할 수도 있을 것이다. 두 가지 주된 이유가 있다.

첫째는, 모든 사람이 실제로 내면의 짐을 지고 있다는 것을 보여 주기 위함이다. 이 내면의 짐은 다른 사람들에게는 거의 드러나지 않는 심각한 영혼의 몸부림이다.

둘째는, 만일 우리가 쉽게 쓰임 받도록 우리 자신을 내어 드리면, 그리스도께서 다른 사람의 짐을 벗겨 주시는 것을 볼 수 있다는 점을 지적하기 위함이다. 우리는 자유로워진 사람에게 임하는 놀라운 기쁨에 직접 동참할 수 있게 되는 것이다.

자신이 갇힌 자들에게 자유를 주기 위해, 절망에 빠진 사람들에게 재 대신 화관을 주기 위해, 근심 대신에 찬송을 주기 위해 오셨다고 선언하시면서 그리스도께서 말씀하신 것은 바로 이 놀라운 해방이다.

너무나 많은 그리스도인이 '큰 기쁨의 소식'을 전하는 것을 의무 같은 것으로 여기고 있다. 이 일은 어렵고, 주저함 끝에 강압적으로 억지로 하는 일로 여기고 있다.

그러나 그리스도께서 주시는 용서와 놀라운 자유를 발견한 우리에게는 그리스도께 다른 사람들을 소개하는 일이 순전한 기쁨이다. 우리는 진심어리고 애정 어린 관심을 가지고 이 일을 할 수 있다. 이것이 우리가 다른 사람의 짐을 벗겨 주는 일에서 맡은 작은 역할인 것이다.

우리 아버지께서 우리에게 주시는 아름다운 보너스는, 우리 영혼 속에 기쁨으로 선을 행하려는 의지가 가득해진다는 것이다. 이것이 바로 믿음이 강해지고, 우리가 그리스도와 갖는 친밀한 교제가 활력을 얻는 방법이다. 당신이 다른 사람의 짐을 벗겨 주기 위해 어떤 일을 하든지 간에, 당신의 영혼은 강건해지고 영감을 얻게 될 것이다.

하나님은 그런 분이다.

11
자신의 약함을 인정할 때
하나님의 놀라운 능력을 나누어 받는다

사람은 자신의 힘이 약해지는 고통스러운 과정을 경험하고 나서야 내적으로 겸손해지고 회개가 삶에 나타나기 시작한다. 이것은 그리 쉽고 간단한 과정이 아니다. 그러나 중요한 것은 그때에야 우리가 하나님은 마음이 상한 자를 가까이하시고 충심으로 통회하는 자를 구원하신다는 진리를 배우게 된다는 것이다.

20세기 말의 이른바 서구에 살고 있는 사람들의 사회를 겸손한 사회로 보기는 힘들다. 우리는 부와 권력, 사치스러운 생활 방식, 지상 최고의 생활 수준을 자랑하는 것, 컴퓨터 기술, 권력과 쾌락과 사업적인 명망에 집착하는 것으로 전 세계에 알려져 있다.

나는 21세기에는 이 모든 것이 급격히 바뀔 것이라고 믿는다. 교만은 언제나 재앙을 불러오기 마련이다. 인간의 행복을 위해 하나님이 명하신 법과 원칙을 의도적으로 거부한 우리 사회는 틀림없이 몰락하게 될 것이다. 인류 역사상 다른 모든 위대한 문명과 마찬가지로, 우리 문명도 부패로 인해 붕괴하게 될 것이다. 기본적으로 사람들이 쇠퇴하는 시기에 겸손하지 않기 때문이다.

사람들은 하나님 안에서 새롭게 되는 것을 거부하고 있다. 대신 인간의 힘과 지혜를 점점 더 의지하고 있다. 결국 혼란과 부패로 인한 붕괴의 길로 가고 있는 것이다.

나라와 문명들에 일어나는 일이 개인의 삶에서도 똑같이 일어난다. 그러나 놀랍게도 이러한 원리를 이해하는 사람은 소수에 불과하다. 세상의 시각, 부에 대한 세상의 집착, 성공에 대한 세상의 추구, 개인적인 자부심에 대한 세상의 강조는, 그리스도께서 이 땅에 계셨을 때 말씀하신 이 심오한 원리를 퇴색시키고 있다.

"사람의 생명이 그 소유의 넉넉한 데 있지 아니하니라. 사람의 힘이 그의 성공에 있지 아니하니라"(눅 12:15 참고).

그러나 우리는 주님의 그러한 말씀에 쉽게 동의하지 않는다.
우리는 그러한 사고방식이 어리석다고 굳게 믿고 있다.
그것은 우리가 배운 모든 것과는 정반대의 것들이기 때문이다.

우리는 우리의 문화로 인해 자신이 실제로 소유하고 있는 것이 우리의 힘을 재는 확실한 척도라고 굳게 확신하고 있다. 그 소유물에는 부와 건강, 교육, 직업, 권위, 쾌락, 명성, 평판, 체력, 보안, 습득한 기술 같은 것들이 있다. 결과적으로 우리는 그러한 것들을 우리 힘의 기준으로 여길 뿐만 아니라, 우리 힘의 근원 자체로 여기게 되었다는 것이다. 이것이 인간들이 갖고 있는 망상 중 가장 커다랗고, 가장 만연해 있는 망상이다. 그것은 수많은 사람을 옭아매고 있는 엄청나게 심각한 기만이다. 삶에 대한 이러한 잘못된 시각은 소유의 축적에 속하는, 교만과 공격성과 탐욕을 수반한다.

이러한 과정을 뒤집기 위해 우리 아버지께서는 우리를 염려하심으로 우리의 인간적인 힘과 자원들이 줄어들도록 조치하신다. 이 고통스러운 과정은 삶에서 우리의 기쁨을 줄어들게 하거나 소멸시키기 위한 것이 아니다. 그보다는 우리의 교만을 낮추셔서 우리가 하나님 안에서 영속하는 영혼의 힘을 신시하게 추구하게 하시려는 것이다.

이것을 말로 표현할 수는 있다.
그러나 삶에서 이 엄격한 교훈을 배우는 것은 전혀 다른 일이다.
대부분의 사람은 가능하다면 그 문제를 그냥 지나쳐 버리고 싶어 한다.

성경에서 우리는 하나님의 은혜로우신 성령께서 그 과정을 생생하게 묘사하시는 것을 발견할 수 있다. 매번 하나님이 특별한 목적을 위해 택하신 사람들은 처음에는 약해지고 낮아지는 것을 볼 수 있다.

이에 대한 고전적인 세 이야기로는 욥과 야곱, 모세의 이야기가 있다.

자신의 건강과 재물과 가족을 빼앗긴 욥은 결국 하나님 안에서 큰 능력을 발견하게 되었다. 욥은 이렇게 선언했다. "하나님이 나를 죽이실지라도 나는 하나님을 신뢰하리라."

모사꾼인 야곱은 자신이 축적한 부를 바탕으로 살아남을 수 있다고 확신했다. 그러나 하나님은 야곱을 만나서서 그의 허벅지 관절을 치셨고, 자만심을 꺾으셨으며, 살아 계시는 하나님 안에서 그의 힘을 발견하도록 하셨다.

궁정의 모든 특권과 권력을 지녔던 이집트 왕자 모세는 사막으로 피할 수밖에 없었다. 거기서 모세는 빈곤한 가운데 하나님을 만나 하나님 안에서 새로운 힘을 발견했다.

이러한 이유로 바울은 이렇게 말했다. "내가 약한 그때에 강함이라"(고후 12:10). "이는 내 능력이 약한 데서 온전하여짐이라"(고후 12:9). 이것이 그리스도께서 "자기를 낮추는 사람이 천국에서 큰 자니라"(마 18:4)라고 하신 말씀의 의미다.

우리는 대부분 이러한 모순처럼 보이는 표현에 당황해한다. 우리는 그러한 말들을 난제라고 생각하며, 그러한 역설에 어리둥절해하고 당혹스러워한다.

부분적으로 그것은 우리가 그리스도의 본질적이고 근본적인 성품을 이해하지 못하기 때문이다.

그리스도의 본성은 엄청나게 관대하시다. 주님은 다른 사람들에게 복을 주시고, 유익하게 하기 위해 자신을 주시고 또 주신다. 우리가 받을 자격이 있든지 없든지 간에, 그리스도께서 끝없이 자신을 주시는 것은 우리에게 한없는 유익을 가져다준다. 우리는 이것을 주님의 '은혜'라고 부른다.

그러나 우리 인간은 대부분 정반대의 방식으로 우리의 하찮기 그지없는 삶을 살아간다. 우리는 우리 자신을 부풀리고 과장하기를 고집한다. 우리는 이기적인 자기 이익에 사로잡혀 있다. 우리 자신의 소유를 추구하고, 우리 자신의 자존심에 맞춰 행동하고, 우리 자신의 명성을 과시한다.

그러고는 우리와 주님 사이에 조화가 없는 이유가 무엇인지 의아해한다. 우리는 주님이 교만한 사람을 물리치신다는 사실을 발견하고는 깜짝 놀란다. 사람은 힘이 약해지는 고통스러운 과정을 직접 경험하고 나서야 마음(의지)과 영혼이 겸손해지고, 회개가 삶에 나타나기 시작한다. 이것은 그리 쉽고 간단한 과정이 아니다.

그러나 그 멋진 결과는 그때에야 우리가 "여호와는 마음이 상한(의지가 약해진) 자를 가까이하시고 중심으로 통회하는(회개하는) 자를 구원하시는도다"(시 34:18)라는 진리를 배우게 된다는 것이다.

그리스도께서는 이러한 영혼과 친근하게 교제하는 것을 좋아하신다. 그리고 우리는 그리스도와의 교제에서 영혼의 힘을 발견할 수 있다. 주님이 나의 힘이 되는 것이다.

여기서 '지고하신 하나님'이 나를 낮추신 영적인 경험담을 간략하게 이야기해 보겠다. 이 이야기를 통해 아마 독자들도 이 원리를 분명하게 이해하게 될 것이다. 적어도 이야기해 볼 만한 가치는 있다.

젊은 시절, 나는 우수한 과학 교육을 받은 것으로 인해 교만함에 빠져 있었다. 학문적인 교만 때문에 나는 과학 기술을 적용하면 사회의 전반적인 문제와 나 자신의 문제도 해결할 수 있을 것이라고 믿었다. 이러한 시각은 지금도 전 세계에 만연해 있다.

그 길을 열심히 추구함으로 나는 하나님을 무시했을 뿐만 아니라, 하나님께 자문을 구할 필요도 없다는 결론을 내리기에 이르렀다. 세상이 성공을 중시하듯이 나의 기술과 전문 지식과 엄청난 노력이 성공을 보장할 것이라고 확신했다. 나는 모든 결정을 대부분 스스로 내리면서 나 자신의 경력을 쌓아 갔다.

그 결과 나는 젊은 시절에 빈곤한 데다 특별한 연줄이 없었음에도, 정부와 산업계에서 고문 및 자문 위원을 맡는 놀라운 경력을 쌓을 수 있었다. 동료들은 나의 노력이 거둔 성공이라는 결실에 감탄해 마지않았다.

그래서 내가 27세가 되었을 때, 나는 나만의 목장을 소유하여 30세에 경제적으로 독립하겠다는 커다란 꿈도 꾸게 되었다. 그리고 그 꿈을 이루기 직전까지 갔었다. 나는 지금까지 내가 본 모든 장소 가운데 가장 아름다운, 바닷가에 있는 땅을 구입했다. 2마일(약 3킬로미터)이 넘는 아름다운 해안선이 있는 214에이커(약 26만 평)의 멋진 토지였다. 나는 이제 평생 풍족하게 살 수 있을 것이라고 확신했다. 그 목장은 나의 힘이었고, 안정의 근원이었으며, 나를 격려하고 용기를 북돋아 주는 것이었다.

몇 년 후 어느 봄날 아침, 갑자기 연방 정부 직원들이 우리 집으로 차를 몰고 와서는 내 땅이 전부 해군의 주요 군사 기지로 사용될 것이라고 통보했다. 하나님이 행하신 급격한 조정 한 방에 나는 힘과 안정과 영감을 잃어버렸다.

거만했던 나는 하나님의 발아래 티끌처럼 낮아지게 되었다.

나는 궁지에 몰려서 몇 년 만에 처음으로 그리스도를 간절히 의지했다. 심령이 상하여 산산조각이 나고 깨져 버린 미래에 대해 망연자실해진 나는, 하나님 안에서 힘과 위로와 안전을 구했다. 하나님은 나를 실망시키지 않으셨다. 나에게 새로운 희망과 새로운 삶, 더 넓은 전망을 주셨다. 우리가 온 마음을 다해 진실하게 하나님을 찾을 때, 하나님은 언제나 그렇게 하신다.

그러나 나는 영적인 원리에 있어서 더디게 배우는 사람이었다. 이내 나는 농아프리카 케냐 정부의 환경 보호 자문 위원이라는 또 다른 매력적인 직업에 이끌렸다. 사실상 마사이 지역의 사파리에서 사는 동안 내 삶은 엄청난 모험 같았다. 사자와 표범, 코뿔소, 버팔로가 내 삶에서 빼놓을 수 없는 부분이 되었다. 자유로운 영혼을 가진 마사이족 사람들이 내 친구가 된 것처럼 말이다.

나는 나의 에너지와 열정, 기술, 힘으로 나의 사랑하는 고향의 광대한 황갈색 평원에서 끝없는 미래를 펼칠 수 있을 것이라고 확신했다. 그런데 나는 갑자기 소리 없이 빠르게 진행되는 병에 걸리게 되었다. 가장 뛰어난 의사들도 내 상태를 진단하지 못했다. 의사들은 내가 6개월도 채 살지 못할 것이라고 예상했다. 희박하게나마 회복할 수 있는 유일한 가능성은 이 열대 지방을 떠나는 것이었다.

그래서 나는 다시 깨지고, 상하고, 힘을 잃어버린 채 캐나다의 시원하고 요양할 수 있는 해안으로 돌아왔다.

완전한 절망 가운데서 나는 나의 위대한 의사이신 그리스도를 향해 회복을 간구했다. 그리스도께서는 내 부르짖음을 들어주셨고, 의학적인 도움 없이 다시 내 힘을 회복시켜 주셨다.

세월은 경이롭게도 흘러갔다. 내가 집필한 책들이 열렬한 환영을 받게 되었다. 나는 자원 보존에 대해 강의도 하기 시작했다. 주요 야생 동물에 대한 영화 제작을 맡기도 했다. 나의 별이 다시 떠오르고 있었으며, 모든 일이 평온하고 안정되어 보였다.

그런데 청천벽력 같은 일이 일어났다. 첫 아내, 사랑하는 필리스(Phyllis)가 치료 불가능한 지독한 암에 걸린 것이다. 필리스는 2년 뒤에 내 품에서 숨을 거두었다. 그리고 나는 지쳤다.

영혼이 오직 하나님 안에서만 힘을 발견할 수 있는 것은 바로 이처럼 힘이 약해진 때인 것이다.

하나님의 길은 우리의 길과 다르다.
우리 가운데 하나님의 길을 이해하는 사람은 거의 없다.
우리를 강하게 하시려고 하나님이 우리를 비우실 때,
우리는 당혹스러워한다.
이러한 것은 우리에게 심각한 모순처럼 보인다.
우리는 그 과정에서 뒷걸음치게 된다.
그러나 이것이 바로 영혼을 강하게 하는 길인 것이다.

우리 심령이 하나님의 성령에 참으로 민감해진다면, 우리는 삶의 모든 면에서 이 개념을 분명히 이해하기 시작할 것이다. 이러한 약해짐은 아마 육체의 힘이 약해지는 데서, 반사 운동 능력이 점차 줄어드는 데서, 에너지와 활력이 꾸준히 감소하는 데서, 걸음걸이가 느려지는 데서 가장 뚜렷하게 나타날 것이다.

우리는 일련의 중요한 선택에 직면해 있다. 절망과 비통, 자기 연민에 빠져 있을 것인가? 아니면 우리의 날들을 풍성하게 하고, 다른 사람들에게도 영감을 주는, 하나님의 계획이라고 하는 새로운 자원들을 하나님 안에서 발견할 것인가?

다음은 내 사무실 벽에 걸려 있는 기도문의 일부다.

"오 주님, 내가 적절하게 즐거운 마음을 갖고 살게 하소서. 나는 심술궂은 늙다리 성인군자가 되고 싶지 않습니다. 그런 사람들 중에는 함께하기 힘든 사람도 있습니다. 예기치 못한 곳에서 선한 것을, 예기치 못한 사람들에게서 아름다운 달란트를 볼 수 있는 능력을 주소서. 오 주님, 그들에게 그렇게 말할 수 있는 은혜를 나에게 주소서. 아멘."

세월이 흘러가면서 우리는 더 나쁜 사람이 될 수도 있고,
더 좋은 사람이 될 수도 있다.
마찬가지로 우리는 권태로워질 수도 있고, 생기가 가득해질 수도 있다.
우리는 화를 낼 수도 있고, 기뻐할 수도 있다.

선택은 우리 몫이다. 우리가 갖고 있는 인적 자원이 줄어든 것에 격분해서 폭언을 퍼붓는다면, 우리는 더 큰 쓰라림을 겪게 될 것이다. 반면에 겸손한 심령으로 그리스도와 동행하기를 힘씀으로 새로운 활력과 전망을 발견할 수도 있다. 우리 삶에서 새로운 차원의 기쁨을 발견할 수 있는 것이다.

훌륭하고 저명한 시인 다윗은 이와 같이 표현했다.

"내가 주 여호와의 능하신 행적을 가지고 오겠사오며 주의 공의만 전하겠나이다 하나님이여 나를 어려서부터 교훈하셨으므로 내가 지금까지 주의 기이한 일들을 전하였나이다 하나님이여 내가 늙어 백발이 될 때에도 나를 버리지 마시며 내가 주의 힘을 후대에 전하고 주의 능력을 장래의 모든 사람에게 전하기까지 나를 버리지 마소서"(시 71:16-18).

이것은 겸손한 마음의 부르짖음이다. 교만을 잃고, 힘을 잃고, 명성을 잃은 사람의 내면적인 열정이다. 그런데 바로 이 영혼은 자기 생명의 주님이신 그리스도에게서 힘과 에너지와 열의를 발견했다. 하나님의 존재에 참여하는 이 거룩한 차원이 우리의 모든 세월에 영혼의 힘을 부여해 줄 수 있는 것이다.

삶의 변화에 맞서는 이 새로운 활력을 주는 비밀스러운 근원을 발견한 우리는, 육체가 쇠약해져 간다는 것에 대해 쉽게 낙담하지 않는다. 정반대로, 우리는 힘을 내어 기쁜 마음으로 그 도전에 맞선다. 그것은 하나님이 여기 계시기 때문이다. 우리는 젊음의 혈기가 넘치는 성질 급한 젊은이인 척하지 않는다. 우리는 차분하게 자신의 한계를 인정한다. 그러면서 하나님의 도우심을 힘입어 하나님이 맡기신 일을 해나가기 위해서 소란을 떨거나 조바심을 내지 않고 나아가는 것이다.

우리는 우리의 계획에 있어서 겸손히 기도해야 함을 배운다. 우리는 단지 사람에게만 아니라, 하나님께 도움을 구해야 할 만큼 비천한 사람들이다. 우리는 우리가 해낸 일들에 대해 자랑하기보다는, 하나님께 영광 돌리는 것을 더 좋아한다. 하나님은 우리의 힘이시기 때문이다. 하나님은 우리 기쁨이시기 때문이다. 하나님은 배후에 계시는 창시자이시기 때문이다.

그러므로 하나님과 함께하는 모든 삶은 모험과 같다.
우리는 흥미진진한 일이 가득한 삶을 기대한다.
그러나 또한 조용한 만족으로 가득 차 있는 삶을 발견하게 된다.
하나님이 자신의 놀라운 힘을 우리에게 나누어 주시기 때문이다.

하나님은 참으로 자기 백성에게 풍성한 삶을 아낌없이 베푸신다.

12
단순함이 삶을 수월하게 해준다

우리는 살아 계신 하나님의 아들에게서 우리 영혼의 힘을 발견한다. 우리는 하나님의 성령께 단순히 응답하는 것으로 우리의 영이 용솟음치는 것을 발견한다. 우리는 우리 아버지의 돌보심과 동행에서 삶의 유일하고 지고한 중심을 발견한다. 그렇게 될 때 우리의 인생은 훨씬 더 수월해진다.

사람들은 "인생은 너무 복잡해!"라는 말을 계속한다. 아니면 "요즘에는 하나도 쉬운 게 없어!"라고 말을 하곤 한다. 심지어 사람들은 좌절감에 휩싸여 "왜 일을 단순하게 바꾸지 않는 거야!"라고 분통을 터뜨리기도 한다.

이러한 말들은 20세기 서구 세계에 사는 우리의 복잡한 삶에 대한 올바른 소견들이다.

이는 대부분 편안함과 호화로움, 즐거움, 위안, 편리함을 바라는 우리의 끝없는 욕구에서 비롯된다. 소비자의 욕구에 중점을 두는 우리의 상업적인 세계에서는 이러한 것들이 필수적인 부분이기에, 물건을 쌓아 두는 광적인 현상을 우리 문화의 핵심으로 받아들이고 있다.

우리는 대부분 우리에게 가해지는 "그저 쌓아 올려라."라고 하는 압박이 얼마나 심한지 명확하게 알지 못하고 있다. 마치 추운 겨울을 대비하여 열매를 비축하는 다람쥐들처럼 우리는 미친 듯이 열심히 움직이며 뛰어다닌다.

3우리는 "많을수록 좋은 것이다."라는 말을 굳게 믿고 있다. 그래서 우리는 우리에게 기쁨을 가져다줄 것이라고 생각했던 것이 왜 우리를 지치게 하고 진저리가 나게 만드는지 의아해하며 미친 듯이 다투고 있다.

나에게는 4년 선에 조기 퇴직을 한 친구가 있다. 바로 2주 진에 친구 부부가 아주 피곤해 보이길래 나는 진심으로 걱정하면서 그들에게 잘 지내는지 물었다. 그들의 대답은 나를 깜짝 놀라게 했다. "은퇴할 때 우리는 덜 바쁜 삶을 너무나 고대했어. 그런데 오히려 너무 바빠서 하루를 마칠 무렵이면 둘 다 아주 기진맥진해져. 우리의 바람은 그저 다리를 쭉 뻗고 잠이나 좀 푹 자 봤으면 하는 거야."

무엇이 문제인 것일까?

한마디로 말해서 그들의 '소유'가 문제였다.

그 부부의 넓고 멋진 마당에는 고급차, 캠핑용 밴, 크고 강력한 엔진의 오토바이, 다용도 트레일러, 여행용 트레일러, 소형 유람선, 낚시용 배가 즐비해 있었다.

이 신사는 이 모든 복잡한 장비를 최상의 상태로 유지하는 일에 아주 깐깐했다. 그는 매주 이 기계들을 닦고, 광을 내고, 수리하고, 전반적인 관리를 하느라 많은 시간을 들였다. 어느 날 소형 유람선의 엔진을 정비하면서 그가 한숨을 쉬며 나에게 말했다. "이 유람선을 유지하려고 돈을 쓰는 게 마치 밑 빠진 독에 물을 붓는 기분이야! 이 배를 소유하는 데 드는 비용이 정말 끝도 없구먼."

그의 아내도 그녀가 관리하고 있는 매력적인 정원과 아름다운 관목들, 집을 장식하고 있는 수없이 많은 화초로 인해 정확히 똑같은 어려움을 겪고 있었다. 그녀는 끊임없이 화초를 모으고 있었다. 그리고 매번 새로운 화초가 늘어날 때마다 관리에 대한 부담도 늘어갔다.

이 모든 문제의 해답은 쉬워 보일지 모른다.
그러한 물건들을 절반만 처분하면 되는 것이다.
그런데 그렇게 하는 것이 그리 간단한 문제는 아니다.

왜냐하면 그 모든 문제의 밑바닥에는 '삶의 우선순위'라는 훨씬 더 깊은 문제가 놓여 있기 때문이다.

내 친구가 기계 장비들을 모으는 이유는 무엇일까? 그것을 사랑하기 때문이다. 친구의 아내가 정성을 들인 정원을 계획하고 가꾸는 이유는 무엇일까? 그것을 사랑하기 때문이다.

따라서 삶을 단순화하기 위한 어려운 결정은 단지 우리가 소유한 것을 팔아 버린다든지, 우리가 심거나 모은 소중한 것들을 파기하는 것과 관련이 없다.

어려운 선택은, 내가 사랑하는 것은 무엇인가, 내가 즐거워하는 것은 무엇인가, 나의 개인적인 자부심, 기쁨, 성취를 자극하는 것은 무엇인가 하는 것과 관련 있다.

우리의 시간이 추억 속으로 잔잔히 흘러들어 갈수록, 우리는 잠시 멈춰서서 자신에게 몇 가지 어려운 질문들을 던져 볼 필요가 있다.

"만족스러운 삶을 살기 위해 정말로 이 모든 것들이 다 필요할까?"

"이러한 삶이 정말로 남아 있는 세월을 보내는 최선의 방법일까?"

"나의 하루를 즐기면서 동시에 다른 사람들에게 사용할 에너지를 유지할 수 있는 덜 복잡한 방법이 있을까?"

"나와 주변 사람들이 좀 더 수월한 삶을 살 수 있도록 우선순위를 조정할 수 있을까?"

사물 그 자체가 악하다고 생각하지 말기를 독자에게 당부하고 싶다. 사물 그 자체가 악한 것은 아니다. 문제를 일으키고 사물과 우리의 관계를 복잡하게 만드는 것은, 바로 우리의 우선순위에서 그 사물이 차지하고 있는 위치다.

우리의 생각과 시간, 힘과 헌신을 필요로 하는 다른 관심사에 대해서도 똑같은 원리가 적용된다. 이러한 것들은 우리의 경력과 사업, 취미, 가정, 여가 활동, 여행, 스포츠, 심지어 우리의 금전 문제 등과 같이 아주 다양하다.

이러한 것들 모두 실제로 사람을 완전히 사로잡을 수 있다.

일단 이러한 것들이 중요한 목표가 되면 그것들이 우리를 움직인다.
우리는 더 이상 우리 자신의 것이 아니라, 그것들의 포로가 되고 만다.
이러한 상황은 인생에 엄청난 긴장과 스트레스를 가져다주게 된다.

이것이 우리의 내면에서 선택을 복잡하게 만드는 요인이다.
그리스도께서는 우리가 두 주인을 섬길 수 없다고 친히 말씀하셨다.
우리의 충성과 사랑은 둘 중의 하나로만 향하게 되어 있다.

그리스도인들은 대부분 바로 여기서 복잡한 미로에 빠진다. 어려서부터 자신들의 문화에 의해 "많을수록 좋다.", "클수록 좋다.", "죽을 각오로 하라.", "남보다 앞서라."라는 말을 믿도록 길들여져 왔기 때문이다. 심지어 목회자들도, 설교자와 교사들도 이와 같은 지침을 건네 왔다.

그러나 그것은 내적인 평안에 이르는 길이 아니다.
조용한 영혼의 힘을 얻는 비결이 아니다.
또한 영혼과 심령을 만족시켜 줄 수도 없다.

그리스도께서는 삶을 단순화하는 간단한 해결책을 우리에게 주셨다. 그것은 바로 이것이다. "너희는 먼저(절대적인 우선순위) 그의 나라(삶에 대한 그리스도의 통치)와 그의 의(하나님 및 사람과의 바른 관계)를 구하라 그리하면 이 모든 것(다른 관심사들)을 너희에게 더하시리라(베푸시리라)"(마 6:33).

12 단순함이 삶을 수월하게 해준다

우리 가운데 대부분은 이 말씀을 전혀 믿지 못하고 있다.

우리는 이 영적인 원리대로 살아가려고 하지도 않는다.

우리는 이 말씀을 비현실적이고 실현 불가능한 것이라며 받아들이기를 거부한다.

거의 정확히 22년 전, 바람 부는 호주의 외딴 해변에서 나는 엄청난 심장 발작을 일으켰다. 그때 이와 같은 간단한 글을 썼었다.*

"오래 살면 살수록 인생에서 기본적으로 가장 중요하다고 절실히 깨닫고 있는 것은, 우리가 다른 사람에게 위로와 격려, 영감을 줄 수 있다는 사실이다. 우리 인생의 성공은 우리가 자신을 위해 쌓을 수 있는 것에 의해 평가되는 게 아니라, 삶의 험난한 길을 가는 우리의 동료 여행자들에게 우리가 줄 수 있는 것이 무엇인가에 의해 평가된다."

그 힘든 시절에는 나는 앞으로 6개월도 살 수 없을 것만 같았다. 그런데 나의 아버지께서는 자비롭고 꾸준한 돌보심으로 나를 22년이나 더 살게 해주셨다. 가능한 한 단순하고 복잡하지 않은 방법으로 세상에서 하나님의 백성과 하나님의 관심사를 위해 섬길 수 있게 하셨다. 하나님의 성령의 지고한 주권 아래, 하나님의 다스리심을 받아서 이렇게 하기란 쉽지 않았다.

---

* 지금은 『평온함』(Serenity)으로 출간된 나의 책 『긴장 길들이기』(Taming Tension)에서 발췌하였다.

아주 많은 사람이 그 동기들에 대해 오해하고 있다.
그리스도에 대한 완전한 헌신이라고 하는 개념에 이의를 제기한다.
그들은 이러한 단순한 생활 방식을 경멸하고 있다.

이것이 바로 나사렛 예수, 하나님의 그리스도께서 이 땅에 우리 가운데 계셨을 때 생활하셨던 방식이다. 그리스도께서는 그 이유를 설명하시지도 않고 그 길이 좁은 길, 제한된 길이라고 말씀하셨다. 왜냐하면 그러한 생활 방식은 그리스도와 그분의 인생관에 대한 전적인 헌신을 요구하기 때문이었다.

그리스도께서는 스스로 이러한 삶을 살기를 택하는 사람들은 거의 없을 것이며, 그리스도의 발자취를 따르고자 하는 사람들은 훨씬 더 적을 것이라고 우리에게 주저 없이 경고하셨다.

왜냐하면 이것은 자기를 희생하고, 자기를 부인하며, 자기를 헌신하는 길이기 때문이다. 이것은 세상의 이기주의와 자기만족, 자기를 과시하는 길과는 정반대되는 길이다.

그러나 그리스도의 단순한 삶을 선택하는 사람은 심령의 안식과 영혼의 평온을 발견하게 된다.

그리스도께서는 우리에게 그렇게 될 것이라고 확신을 주셨다. 그분의 임재와 능력, 평화는 내면에서 우리에게 능력을 주시기 때문에, 이 험난한 길을 그리스도와 함께 수월하고 용기 있게 걸어갈 수 있는 것이다.

내가 그 이유를 쉽게 설명할 수도, 이해할 수도 없지만 여러 병원에 있는 많은 환자를 방문하는 것이 내 삶의 일부분이 되어 왔다. 첫 아내 필리스가 약 2년 동안 말기암으로 점점 생명이 사그라졌던 이후로, 병원은 내가 몹시 싫어하는 장소가 되었다. 필리스가 끔찍한 고통에서 벗어나기 전까지, 그녀가 열세 차례나 입퇴원을 반복하는 동안 나와 그녀가 견뎌야 했던 지독한 시련을 소름 끼치게 상기시켜 주는 곳이기 때문이다.

그러나 지난 20년 동안 이 고통스러운 장소에 있는 사람들을 방문하는 일이 내 삶에서 커다란 부분이 되어 왔다. 그 이유는 무엇일까? 왜냐하면 그 길은 그리스도께서 따르라고 나에게 명하신 길이기 때문이다. 너는 완고하게 고집부리며 그 길을 따라가기를 거부할 수도 있다. 그러나 그렇게 하는 것은 내 양심의 내면을 복잡하게 만들 뿐일 것이다. 그것은 다른 사람들에게 그리스도의 긍휼을 베푸는 것을 거부하는 일일 것이다. 그리고 그로 인해 우리는 모두 더 비참해질 것이다.

이 모든 일에는 멋진 보상이 있다. 그리스도께서는 우리의 헌신을 보상하시는 놀라운 방법을 갖고 계신다. 그리스도께서는 아무에게도 빚지고 계신 것이 없다. 이 모든 일은 우리 모두의 길을 수월하게 해주는 것이다.

한 연로한 환자를 만나러 병원에 가야겠다는 생각이 들어서 어제 이웃 마을에 방문했다. 내가 방문한 시간은 방문객의 출입이 허용되지 않는 오전 시간이었다. 나는 안내 데스크에 가서 메모를 남겨 두어도 되는지 물어보았다.

그런데 놀랍게도 간호사는 "그냥 들어가지 그러세요?"라고 했다. 내가 간호사 대기실에 가자 한 유쾌한 간호사가 미소를 지으면서 잠깐 들어가도 괜찮다며 나를 안심시켰다.

나는 어두운 방에 혼자 있는 환자를 발견했다. 그 사람은 영혼의 괴로움, 심령의 낙심으로 심하게 고통에 빠져 있는 사람이었다. 그는 놀라울 정도로 솔직하게 자신의 속내를 내게 털어놓았다.

조용하게 나는 우리 아버지께서 그를 돌보신다는 사실을 다시 한 번 확신시켜 주었다. 우리는 함께 기도했고, 함께 울었으며, 손을 맞잡았다.

우리가 헤어질 때 그 고통의 장소에 하나님의 임재가 충만했다.

그가 부드럽게 말했다. "필립, 당신은 고통 가운데 있는 나를 찾아와 내 안에서 새 생명이 솟구치게 해준 유일한 방문객입니다!"

그 간단한 한마디의 말은, 수년 동안 가슴 아프게 했던 그 무수한 병원 방문에 대한 충분한 보답이 되었다. 그는 물론 나의 삶도 더 수월하게 해주고 밝고 경쾌하게 해주는 것은 바로 영혼의 힘이었다. 그리고 그 힘은 바로 그리스도에게서 나온다.

하나님과 사람을 이렇게 섬길 수 있는 비결은, 어떤 개인적인 대가를 치르더라도 우리 아버지의 뜻을 행하려고 하는 한결같은 결심에 있는 것이다. 그리스도와 그분의 일에 전적으로 유용하게 쓰임 받기를 바라는 이 조용하고 진지하며 단순한 목표가, 우리 시대와 문화의 모든 혼란과 복잡함을 극복할 수 있게 한다.

그리스도께서는 고결한 굳은 결심을 하시고 멸망하는 세상을 위해 갈보리로, 끔찍한 고난을 향해, 무서운 고통으로 친히 나아가셨다. 주님의 단순하며 복잡하지 않은 단 하나의 삶의 목표는 아버지의 뜻을 행하겠다고 하는 것이었다.

그리스도께서 그렇게 하셨기에 가난하고 비틀거리며 몸부림치는 수많은 죄인이 거듭나고, 다시 태어나고, 멸망에서 구원받은 것이다. 이를 위해 그리스도께서는 십자가 희생을 치르셨다. 그리고 그리스도께서는 그분을 따르는 우리에게 그분과 동행하기를 원한다면 날마다 자기 십자가를 지라고 명하고 계신 것이다.

그리스도를 위해, 잃어버린 다른 사람들을 위해 자기를 부인하고 희생하라는 이 부르심은, 오늘날이나 역사상의 그 어느 시기에서도 많은 사람에게 잘 받아들여지지 않고 있다.

사람들은 노는 것을 더 좋아한다. 어떤 종류든지 재물을 모으는 일을 훨씬 더 매력적이라고 여긴다. 즐거움을 추구하고 무의미한 일에 시간을 쏟는 것에 더 재미를 느낀다. "인생은 짧다. 열심히 놀아라!" 하는 것이 오늘날 세상의 방식이다.

요즘에 '삶을 단순화하는 법'에 대한 온갖 책, 세미나, 강의가 대중에게 제공되고 있다. 우리 가운데에는 기본으로 돌아가려는 영혼의 내면적인 갈급함이 있는 것 같다. 많은 사람이 그렇게나 치켜세우던 우리의 기술에 대해, 부유한 우리 사회를 특징짓는 다양한 도구와 장치에 대해 심취해 있던 것에서 돌아서고 있다. 그러나 자전거 타는 생활로 돌아가거나, 유기농 식품만을 먹거나, 자급자족하는 생활로 돌아간다고 해서 인간의 심령에 있는 깊은 갈급함이 채워지지는 않는다. 또한 우리 시대의 많은 사람을 사로잡고 있는 영혼의 극심한 갈증을 해소시켜 주지도 못한다.

이 일은 오직 그리스도만이 하실 수 있다. 그것은 우리 영혼의 내적 갈급함을 충분히 달래실 수 있는 분은 오직 하나님의 영밖에 없기 때문이다. 그분이 그렇게 해주시기 전까지 우리에게 쉼이란 없는 것이다.

우리 주님은 이러한 중요한 사실을 주저 없이 간단하게 말씀하셨다. 가능한 한 분명하게 말씀하셨다. "나는 생명의 떡이니 나를 먹는(받아들이는) 자는 영혼이 다시는 굶주리지 않을 것이다. 나는 생명의 물이니 나를 마시는(흡수하는) 자는 다시는 목마르지 않을 것이다"(요 6:35 참고).

이러한 사실이 완전히 참이라는 것을 발견한 사람은 소수에 불과하다. 그러나 그것을 발견한 사람들의 모든 삶은 갑자기 단순해졌다. 바울이 말했듯이 "내게 사는 것이 그리스도니"(빌 1:21) 최고의 비결은 그리스도께서 당신 안에, 당신이 그리스도 안에 있는 것이다.

이러한 일이 일어나면 우리의 삶을 혼란하게 만들고, 우리의 나날을 복잡하게 하는 다양한 다른 관심사, 활동, 소유를 처분하는 일이 어렵지 않게 된다. 우리가 죽어 가는 주위 사람들에게 다가가기 위해서 우리의 소유물, 여가 시간, 자랑거리, 취향 등을 포기하는 것이 능력 밖의 일이 아니라는 사실을 깨닫게 될 것이다.

우리는 살아 계신 하나님의 아들에게서 우리 영혼의 힘을 발견했다. 우리는 하나님의 성령께 단순히 응답하는 것으로 우리의 영이 용솟음치는 것을 발견했다. 우리는 우리 아버지의 돌보심과 동행에서 삶의 유일하고 지고한 중심을 발견했다.

그렇게 될 때 우리의 인생은 훨씬 더 수월해진다.

13
염려를 물리치고 하나님을 신뢰하라

우리는 주님을 사랑하고, 주님은 우리를 사랑하십니다. 따라서 우리는 자신을 주님의 손에 맡기고, 주님의 결정은 무엇이든 받아들입니다. 주님이 우리의 감독자가 되시는 한, 잘못된 지시라는 것은 있을 수 없음을 알고 있습니다. 주님은 우리가 멸망하거나, 불필요한 고통을 당하도록 내버려두지 않으십니다.

내가 65세가 되던 날 새벽녘에, 내 영혼은 그리스도와 친밀한 교제 가운데 있었다. 그날은 나에게 기념비적인 날이었다. 길고도 험난한 인생길을 걷는 동안, 나는 과연 60세 생일을 맞이할 수 있을지 궁금했었다. 나의 아버지는 54세에, 어머니는 64세에 하늘 본향에 가셨다. 더구나 나는 아주 여러 해 동안 건강 상태가 좋지 못했다. 그래서 일찍 죽는다고 해도 그리 놀랄 일이 아니었다.

그런데 나는 수년간 알고 있었던 것보다 더 힘이 넘치고, 더 건강한 모습으로 65세 생일 새벽녘을 맞이하고 있었다. 마치 인생의 새로운 서사시, 노년기의 문턱에 서 있는 것 같았다. 기간을 알 수 없는 이 장의 문이 열렸으니 나에게 남은 날들, 몇 달 혹은 몇 년을 어떻게 보내야 할까?

나는 이러한 일로 그리스도와 의논하는 것을 부끄럽게 생각하지 않는다. 그리스도께서는 나의 절친한 친구, 가장 소중한 동반자, 가장 존경하는 멘토셨다.

주님과 은밀한 교제를 나누면서 나는 들릴 만한 큰 소리로 주님께 간청했다. 소위 황혼에 접어들면서 내가 지켜야 할 가장 본질적이고 가장 중요한 원칙이 무엇인지 분명히 알려 달라고 기도했다.

나는 남은 시간을 안락하고 편안하게 보낼 수 있는 비결을 구하지 않았다. 오래전에 나는, 나의 아버지의 신실하심 때문에 인생의 마지막 장이 중년 때와 마찬가지로 생산적이고 기운차며 가치 있는 시기가 될 수 있을 것이라고 결론을 내렸다.

그러면 한 인간으로서 나에게 최고의 비결은 무엇이었을까?

그날 아침, 그리스도의 성령께서 나에게 주신 깊은 내면의 응답은 아주 명백했다. 그 응답은 말하는 것처럼 단호하게 아주 짧은 두 마디의 명령이었다.

"염려를 물리치라!"
"나만 신뢰하라!"

이 말은 아주 간단하게 들릴지도 모른다.
그러나 대단히 어려운 일이다.

특히 자기 인생에 대한 계획을 세우도록 훈련받은 사람에게는 더욱 어려운 일이다. 서구 세계에 사는 우리는 내일에 대해 깊이 생각하라고, 미래를 대비하여 모든 것을 세밀히 준비하라고 배워 왔다.

내 또래의 사람이 갑자기 행동을 바꿔 만일의 모든 상황에 대비하는 것을 그만둘 수 있을까? 아무것도 염려하지 않고 조용히 하나님만 의지하는 단순한 시각을 가질 수 있을까? 그때 거기서 나는 하나님의 능력으로 인하여 그렇게 하기로 결심했다. 나는 평온한 믿음으로 그 시간부터 염려를 물리치기로, 대신 하나님만 신뢰하기로 큰 소리를 내어 선언했다!

나는 오랜 세월 동안 내 삶에서 아주 거대해 보이는 '불안'이라고 하는 무시무시한 산에 직면하게 되었다. 그것은 여러 가지로 내 삶에 어두운 그림자를 드리웠다. 우리 대부분이 공통적으로 하는 몇 가지 염려는 이런 것들이다.

알 수 없는 미래에 대한 초조함.
가족의 행복에 대한 근심.
사회적 의무 충족에 대한 스트레스.
약해진 건강과 힘에 대한 걱정.

인플레이션에서의 적절한 소득의 불확실성.
다른 사람들의 기대에 부응하는 일.
문명의 붕괴 가능성.

이것들은 우리 대부분이 알 수 없는 일에 대해 걱정하고, 염려하며, 계획하고, 대비하는 수많은 문제 가운데 일곱 가지 예일 뿐이다. 우리가 염려하지 말라고 말할 때 우리는 종종 자신을 속인다. 끔찍한 사실은 우리 대부분이 그리스도를 신뢰하지 않는다는 것이다. 우리가 영적인 구원을 위해 그리스도를 신뢰하는 것은 사실이지만, 아주 적은 사람들만이 성화를 위해 그리스도를 신뢰하고 있는 것도 사실이다.

그런데 대다수의 사람은 세상을 어떻게 헤쳐 나갈까 염려하고 있다.

나는 그리스도와 동행함으로 더 이상 염려하는 것을 단호하게 의지적으로 물리치기로 결심했다.

나의 의심은 사라졌고, 주님이 주시는 안식에 들어갔다.

나는 불안에서 벗어났다!
얼마나 영광스러운 해방인가!

이 위대한 구원에는 두 가지 측면이 있다. 한편으로는 아버지께서 주시는 안식을 우리가 실제로 맛보고 쉬는 것이 우리 아버지의 소망이다. 다른 한편으로는 아버지께서 우리에게 주시는 마음의 평화 및 영혼의 평온을 누리고자 하는 깊고도 단호한 소망함이 우리 안에 있어야 한다.

이것은 우리 아버지에 대한 그리고 우리 아버지께서 자녀에게 하신 너그러운 약속에 대한 확고한 믿음을 요구한다. 그저 하나님이 우리를 도우시기를 소망하는 것만으로는 충분하지 않은 것이다. 우리가 믿는 것을 주위 사람들에게 크게 소리 내어 말할 수 있어야 한다. 그리고 걱정을 물리치고 오히려 하나님을 믿겠다고 큰 소리로 말할 정도로 담대해지는 것이 중요하다.

주 예수 그리스도께서는 여기에 대해 우리에게 아주 분명한 지침을 주셨다. 예수님은 이렇게 말씀하셨다. "하나님을 믿으라!" 또는 "하나님에 대한 믿음을 가지라!", "내가 진실로 너희에게 이르노니 누구든지 이 (염려의) 산더러 들리어 (망각의) 바다에 던져지라 하며 그 말하는 것이 이루어질 줄 믿고 마음에 의심하지 아니하면 그대로 되리라"(막 11:22-23).

이 능력 있는 약속은, 하나님이 하실 수 있다고 자기가 믿는 바를 다른 사람이 들을 수 있을 만큼 큰 소리로 표현하는 것을 전제로 한다. 우리 아버지에 대한 믿음을 말로 표현하고, 그리스도에 대한 우리의 확신을 선언하는 이유는 주변 사람들에게 그리스도에 대한 우리의 평온한 확신을 알리기 위해서다.

이것은 허세를 부리는 행위가 아니다. 그리스도의 명령에 대한 무조건적인 순종의 행위다. 다른 사람들에게 깊은 인상을 심어 주기 위해 꾸며내는 쇼맨십도 아니다. 오히려 이것은 "나는 염려를 물리친다!"라는 것과 그 대신에 "하나님을 신뢰한다!"라는 분명한 선언이다.

다음은 스펄전(C. H. Spurgeon)의 고전적인 진술 가운데 하나로서 그는 이처럼 분명하게 말했다.

"예수 그리스도에 대한 깊은 애정이 담긴 단순한 믿음을 가진 자들은 복되고 행복한 사람들입니다. 이러한 믿음은 안식을 주는 확신입니다. 예수님을 사랑하는 이 사람들은 주님의 성품에 매혹되고 주님의 사명(명령)을 기뻐합니다. 주님이 나타내신 인자하심이 그들을 인도합니다. 그러므로 그들은 주님을 믿지 않을 수 없습니다. 주님을 너무나 사모하고 공경하며 사랑하기 때문입니다.

…우리는 주님을 사랑하고, 주님은 우리를 사랑하십니다. 따라서 우리는 자신을 주님의 손에 맡기고, 주님의 결정은 무엇이든 받아들이며, 주님의 명령은 무엇이든 하게 되는 것입니다. 주님이 우리 일의 감독자가 되시는 한, 잘못된 지시라는 것은 있을 수 없음을 우리는 알고 있습니다. 주님은 우리를 너무나 사랑하시기에 우리가 멸망하거나, 불필요한 단 하나의 고통을 당하도록 내버려두지 않으십니다.

…확고한 믿음은 순종의 뿌리입니다. 이러한 사실은 삶의 일들에서 뚜렷하게 드러납니다. …그러므로 구주의 명령에 순종하기를 거부하는 믿음은 겉치레에 불과할 뿐이며, 결코 영혼을 구원하지 못합니다."

이 진술이 다소 고전적인 어법으로 표현된 것일 수는 있다. 그러나 그 내용은 우리가 그대로 진술할 수 있을 정도로 확실하고 분명하다. 끔찍한 비극은 하나님의 자녀 가운데 아주 적은 사람들만이 이렇게 산다는 것이다. 나도 젊은 시절에는 오랫동안 그런 사람 가운데 하나였다.

나는 말 그대로 세상을 어떻게 헤쳐 나갈까 염려했다.
좌절을 겪을 때마다 초조해하며 화를 냈다.
역경에 맞설 때마다 온갖 이득을 취하려고 싸웠다.
믿음에 대해 거의 몰랐고, 안식에 대해서는 더 몰랐다.
영혼의 분투와 고단함에 대해서는 잘 알고 있었다.

그런데 자비롭고 은혜롭게도 그리스도께서 나에게 친히 오셔서 손을 내미시며 온화하게 권유하셨다. "염려를 물리치라." "나만 신뢰하라." "앞 일을 걱정하지 말라." "내일을 위해 그저 나를 받아들이라."
염려하는 것은 우리를 돌보시는 그리스도를 의심하는 것이다.

염려하는 것은 우리의 관심을 상황에 집중시키는 것이다.
염려하는 것은 우리의 생각의 초점을 걱정거리에 맞추는 것이다.
염려하는 것은 닥치지도 않은 위험을 미리 상상하는 것이다.

그렇다면 우리는 "염려를 물리치는 방법은 무엇인가?"라는 질문을 해 보아야 한다.
우리가 아버지를 완전히 신뢰하기 위해서는 그분과의 관계에서 반드시 계발되어야 하는 네 가지 강력한 측면이 있다.

하나님을 알아 가라

하나님의 진정한 성품을 더 잘 이해할수록 우리는 하나님을 더 존경하고, 사랑하며, 신뢰하게 된다. 내가 여기서 말하는 것은 신학자와 다른 학자들이 강론하는 교리나 교의에 대한 것이 아니다. 인류 역사를 통해 하나님이 인류 전체를 어떻게 대하셨는지에 대한 분명한 기록을 말하는 것이다. 그 기록은 우리 같은 보통 사람이 주의 깊게 읽고, 진지하게 묵상하도록 주어졌다.

성경을 읽는 시간을 가지라. 하나님을 믿고, 하나님의 명령에 순종한 사람들을 향한 하나님의 신실하심, 인내하심, 자비로우심, 관대하심에 대한 놀라운 기록을 조용히 되새겨 보라. 성경은 우리 인간을 향한 자비와 긍휼, 돌보심, 그리고 은혜에 대한 놀라운 계시다.

이것이 우리 아버지의 본질적인 성품이다. 그 성품은 우리 주 예수 그리스도의 삶에서 가장 선명하게 나타난다. 그리스도께서 우리 가운데 잠시 머무셨던 그 이야기를 읽고 또 읽으라. 그리스도께서 어떻게 행하셨는지, 죄인들과 어떻게 친구가 되셨는지, 고통당하는 사람들을 어떻게 깊이 돌보셨는지, 비통에 빠진 사람들을 어떻게 구원하셨는지, 사람들을 어떻게 온전히 이해하셨는지, 우리를 구원하기 위해 어떻게 큰 능력으로 기쁘게 자신을 주셨는지, 얼마나 값없이 용서하시는지 등을 통해 직접 주님을 알아 가라.

우리가 그리스도를 그분의 성품과 행위 면에서 알아 가기 시작하면, 두 번째 단계로 나아가는 것이 더 합리적이고 마음이 끌리는 일이 될 것이다.

하나님께 굴복하라

아마도 이보다 더 나은 표현은, '자신의 모든 삶을 우리 아버지의 돌보심과 다스리심에 맡기라.'라는 것일 수 있다.

슬프게도 오늘날의 교회는 그리스도에 대한 이러한 실제적인 굴복이나 자기 포기에 대해 별로 언급하지 않는다. 현대 복음주의에서 강조하는 것은 "그리스도를 당신의 삶에 모셔 들이라."라는 것이다. 마치 보잘것없는 인간이 자기 인생의 문을 그리스도께 열어 드림으로 하나님께 호의를 베풀기라도 하는 듯이 말이다.

사람이 궁극적으로 밟아야 하는 필수적인 단계는, 의지적으로 자신과 모든 소유를 그리스도의 명령 아래 두는 것이다. 이는 우리가 지극히 높으신 하나님의 위엄과 관대하심을 조금이라도 알게 되었고, 따라서 모든 것을 하나님께 맡길 준비가 되었음을 보여 주는 일이다.

우리는 이 굴복을 '그리스도의 통치를 받음', '하나님의 다스리심에 자신을 맡김', '하나님의 성령의 주권에 복종함'이라고 부른다. 한마디로 의도적인 의지의 행위 및 영혼의 선택을 통해, 자신의 모든 것과 미래를 하나님께 드리기로, 하나님의 처분에 맡기기로 결심하는 것이다.

이것은 엄청난 굴복이다. 그렇게 하는 사람이 거의 없다. 그리스도인들은 대부분 멸망에 대한 보험으로 소위 그들의 '구원'을 그리스도께 기꺼이 맡긴다. 그러나 오늘도 승리하고 내일도 승리하기 위해 심령의 평온함과 영혼의 힘을 얻으려는 보장책으로 일상의 관심사, 여러 가지 활동, 취미 생활 등을 모두 그리스도께 맡기는 사람은 백 명 가운데 단 한 명도 없다.

그리스도께서는 분명하게 말씀하셨다. "내게로 오라 내가 너희를 쉬게 하리라"(마 11:28). 교만한 우리 대부분은 이 곤고하고 낡은 세상을 스스로 헤쳐 나가는 것을 더 좋아한다.

그리스도께 나아가 그분만 신뢰하라

우리가 살아 계신 하나님과의 친밀한 관계를 갖기를 진심으로 바란다면, 하나님이 나를 온전히 돌보실 수 있다는 그분의 성품에 대한 평온한 확신이 필요하다. 하나님이 나의 관리인이 되신다!

여기서 '관리인'이라는 표현은 엄청난 진정성과 존엄성을 담아서 사용한 말이다. 그리스도께서 우리를 위해 종과 하인이 되시기는 했지만, 단순히 다른 사람들을 섬기는 사람이라는 의미로 이 말을 사용한 것은 아니다. 오히려 나는 우리가 영혼의 평화와 정결함, 힘을 가지고 살 수 있도록 주님이 우리에게 공급하시고, 보호하시고, 능력을 주실 수 있는 분이라는 훨씬 더 강력한 차원에서 이 말을 사용한 것이다.

하나님은 우리의 모든 염려를 하나님께 맡기라고 아주 분명하게 말씀하신다. 그것은 하나님이 우리를 돌보시기 때문이다. 그런데 우리 대부분은 하나님을 전혀 믿지 않고 있다. 우리는 모든 짐을 지고 힘들어한다. 모든 종류의 좌절을 이기려고 초조해하고, 화내며, 격렬하게 싸운다.

내가 체험한 대로 확실히 그리스도께서 완전한 신사라면, 내 인생에 영향을 미치는 모든 것에 대해 잠잠히 그리스도께 맡기는 것이 가장 영예로운 일임을 알 수 있다. 나는 날마다, 매 순간마다 그렇게 하고 있다. 그 잔잔한 확신 속에는 이 새로운 차원의 기쁨으로 인해, 영혼의 커다란 안식과 달콤한 평온이 있다.

그리스도께 겸손히 순종하라

그리스도의 명령을 따르는 것은 내가 그리스도께 충성하고 있으며, 주님을 깊이 사랑한다는 것을 의심할 여지 없이 보여 주는 것이다. 그리스도께서는 친히 이 사실을 반복해서 말씀하셨다.

만일 우리가 그리스도의 제자라고 주장하면서 동시에 주님의 바람과 뜻을 따르기를 거부한다면, 그래서 끊임없이 염려한다면, 우리는 자신을 속이고 다른 사람도 속이는 것이다.

또한 우리가 주님의 뜻에 친숙해지도록 주님의 말씀에 많은 시간을 들이는 것이 중요한 이유가 바로 이 때문이다. 내가 주님을 잘 알고 주님의 명령을 분명히 이해할 때, 그 명령을 따르는 것이 고생이 아니라 영예라는 것을, 힘든 일이 아니라 기쁨이라는 것을 깨닫게 될 것이다.

주님의 명령은 사실 나에게 주신 주님의 고귀한 약속이다. 주님의 바람대로 행하기 위해 차분한 믿음으로 나아가면, 주님이 나에게 그 일을 행할 수 있는 능력을 주신다. 주님은 약속을 반드시 지키신다. 나의 궁핍함 대신 풍요로움을, 나의 갈등 대신 평온을, 나의 약함 대신 능력을, 나의 오랜 염려 대신 놀라운 기쁨을 주신다. 주님을 영원히 송축하라!

14
밖으로 나가 자연에서
하나님의 생명력을 호흡하라

밖으로 나가 일몰과 일출의 광채로 심령을 자극하라. 눈을 들어 산들을 보고 힘을 새롭게 하라. 대기 중에 퍼져 있는 꽃과 나무의 향기를 들이마시라. 호수와 들판 위를 바라보며 시야를 넓히라. 해와 달과 별이 빛나는 하늘 앞에 조용히 서라. 잠잠히 서서 하나님이 바로 여기 계심을 알라.

이상하게 들릴지 모르겠지만 염려의 훌륭한 해독제가 '산책'이라는 것은 잘 알려져 있는 사실이다. 집이나 사무실처럼 일상적이고 너무 익숙한 환경을 벗어나 야외에 나가는 것만으로도 우리의 관점에 놀라운 일이 일어날 수 있다.

만약 당신이 원한다면 다른 친구나 가족과 함께 걸어도 좋다. 그러나 위에서 임하는 심령의 새롭게 됨과 영혼의 힘을 구하고 있다면 혼자서 오직 그리스도와 함께 산책하라. 나는 아주 진지하게 말하고 있다. 그렇게 되면 산책의 주된 목적, 즉 우리 아버지께서 매우 주의를 기울여 창조하신 자연 세계에서 영감을 발견하는 목적으로부터 벗어나게 되는 경우가 줄어들기 때문이다.

25년 전에 베스트셀러였던 환경 보존에 대한 일반 서적에서 나는 이와 같은 내용을 지적했다.

"'이 대륙에서 산책이라는 기술을 잃어버렸다.'라는 말은 정말 맞는 표현이다. 자동차와 트럭, 기차, 비행기, 전동 스쿠터, 전동 눈썰매가 튼튼한 다리와 강한 폐를 대체하고 있다. 더 나아가 그것들은 국토를 가로지르는 조용한 도보 여행이 주는 스릴이나, 홀로 혹은 가까운 동반자와 함께 걷는 가벼운 산책의 평온함을 우리에게서 앗아갔다."

다행히도 그 사이에 이 신체 활동 영역에서 우리 사회에 상당한 변화가 있었다. 이제는 수많은 사람이 자신의 건강을 위해 걷고 있다. 놀랍게도 이제는 수준이 높고 세심하게 편집된 『산책』(Walking)이라는 단순한 이름의 월간지가 우리 집에 오고 있다.

이렇게 걷는 것에 대한 관심이 늘어난 것은 매우 바람직한 일이다. 그러나 불행하게도 사실상 이러한 운동에 대한 강조점이 주로 육신에 있다는 것이다. 사람들은 몸의 건강과 체력 증진, 근육과 힘줄 강화를 위해 걸으라는 권고를 받고 있다. 그러나 야외를 걷는 것에는 우리의 정신 건강 및 영적인 행복과 많은 관련이 있는, 심오하고 즐거운 차원이 있다.
산책한다는 것은 단순히 한 곳에서 다른 곳으로 갔다가 되돌아오는 것이 아니다. 그것은 먼 거리를 몇십 분만에 주파하는 것 그 이상의 것이다.

많은 칼로리의 에너지를 소모하는 것을 훨씬 넘어서는 일이기도 하다. 심지어 튼튼한 체격이나 날씬하고 근사한 몸이라는 유익도 넘어서는 일이다. 산책은 야외에서 새롭게 됨을 추구하는 하나님의 자녀에게 심령의 영감과 영혼의 힘을 주는 근원이 될 수 있다.

야외를 산책하는 것이 주는 유익을 온전히 누리려면 다리와 폐의 운동보다 훨씬 더 많은 것이 요구된다. 눈과 귀의 사용, 나아가 촉각과 미각의 사용을 필요로 한다. 또한 이 모든 것 외에도 영혼과 심령으로 보는 예리한 감각도 있어야 한다. 즉 주변 환경이 주는 영감과 심령의 고양에 자신을 열어 놓고, 그 무한한 자연의 분위기와 음악에 귀를 기울여야 하는 것이다.

그것은 우리의 삶에 경이로운 일을 행하는 주변의 자연 세계를 통해, 우리 아버지에게서 흘러오는 영적인 자극의 분명한 흐름에 반응하는 기술이다.

어제저녁 나는 손자를 데리고 근처에 있는 강에 잠깐 산책을 나갔다. 16세인 손자는 힘이 세고, 튼튼하며, 키가 180센티미터에 황소처럼 건장하다. 손자는 대부분의 시간을 트럭과 동력 장치, 전기 기기와 함께 보낸다. 그러나 나는 한 시간 동안 손자에게 완전히 새로운 세계를 소개해 주었다.

우리는 맑고 빠르게 흐르는 시냇물 속에서 송어가 흔들림 없이 떠 있는 것을 보기 위해 멈추었다. 이따금 커다란 잉어가 강바닥의 돌들에 그림자를 드리우곤 했다. 우리는 잠시 산책을 멈추고 무성한 덤불에서 야생 벚

나무 열매를 땄다. 황여새가 거기서 열매를 따 먹으며 연회를 벌이고 있었다. 돌길을 따라 가볍게 걸으면서 급류의 노랫소리에 조용히 귀를 기울였다. 우리는 계곡 아래로 밀려 내려오는 힘찬 물살이 만들어 내는 초록색, 파란색, 은색, 흰색 등 다양한 색조에 혀를 내둘렀다.

그 잠깐의 소중한 순간 동안 인간이 만든 모터와 기계와 날카로운 소리들의 세계가 닫혔다. 모든 것이 고요했다.

그 고요함 속에는 평온함도 있었다.
소년의 영혼과 마음에 지울 수 없는 인상이 새겨지고 있었다.
소중하게 여겨질, 기억할 만한 순간들이었다.
그러나 그것들이 형성되는 데는 시간과 생각과 관심이 필요했다.
그리고 이 모든 것은 새로운 놀라움을 주는 모험이다.

며칠 전에 나는 공원처럼 탁 트인 소나무 숲으로 조용히 산책을 나갔다. 고지대의 반짝이는 호수 위 바위투성이 언덕에 있는 새로운 지역이었다. 며칠 동안 비가 내리는 바람에 축축한 초목과 거뭇하게 젖어 있는 흙 위를 걷는 내 발걸음 소리가 전혀 들리지 않았다. 나는 유령처럼 숲속을 지나갔다.

수목 한계선의 나무들을 벗어나자마자, 갑자기 내 앞의 숲의 바닥에서 사랑스러운 쏙독새가 날아올랐다. 아주 길고 우아한 날개를 가진 어두운 색깔의 그 새는 재빨리 부드럽게 소리 없이 둥근 돌들 사이에 날아가 앉더니, 날개가 부러진 듯한 시늉을 하기 시작했다. 그런 다음 심하게 다치기라도 한 것처럼 애처롭게 울기 시작했다. 이 모든 것은 그 새가 알록달록한 알들을 품고 있던 곳에서 나의 관심을 다른 데로 돌리기 위한 계략이었다.

나는 충분한 시간을 갖고 찾아보면 그 알들을 발견할 수 있을 것이라고 확신했다. 대단히 놀랍게도 나는 알들을 발견했다. 그런데 그 알들은 둥지에도, 땅의 우묵한 곳에도 있지 않았고, 작은 나무 아래 솔잎이 깔린 자리에 나란히 놓여 있기만 했다. 지구상에 자기 종족을 존속시키는 방식이 그렇게 무심하고 태평한 것을 본 적이 없었다. 둥지도 없었고, 피난처도 없었고, 위장도 없었다!

그러나 거기에는 40년 동안이나 나를 설레게 했던 멋진 새가 있었다. 그 빠르고 능숙한 비행은 날개를 가진 그 어떤 곤충도 이길 수 있을 정도였다. 땅거미가 질 때 피리 소리 같은 여음을 남기며 극적이고 현란하게 급강하하는 모습, 환상적인 구애 행위 모두가 나의 감탄을 자아냈다.

또한 이 새들은 심지어 둥지에 대해 지나치게 염려하거나 주의하지 않고도 대대로 생존하며 대를 이어 왔다.

마치 고전압 에너지로 전기가 충전되어 상승하듯이 이러한 생각이 내 전 존재를 휩쓸고 지나갔다. "숲 바닥의 쏙독새 새끼들도 우리 아버지께서 돌보신다. 그분은 너도 능히 돌보신다!" 나는 경이로움과 경외심과 영감을 느끼면서, 주의 깊고도 차분한 심령으로 솔잎 침대 위 알록달록한 두 개의 커다란 연갈색의 알들을 가만히 서서 내려다보았다.

그렇다, 정말 그렇다. 하나님이 이 열악하고 울퉁불퉁한 바위 능선의 야생 새들도 그렇게 잘 돌보아 주실 수 있다면, 현대 인간 세계의 혼란과 광기 가운데서도 나를 잘 돌보실 수 있는 것이다. 집으로 향하는 내 발걸음은 가벼웠고, 내 심령에는 노래가 흘러나왔고, 내 영혼에는 힘이 넘치게 되었다는 사실이 놀랍지 않은가?

그것이 바로 산책에서 발견할 수 있는 '열정'*이다. 우리가 그런 일이 일어나도록 허용하기만 하면, 우리의 관심이 자신에게서 벗어나 주변의 영광스러운 자연 세계의 그러한 현상으로 전환된다. 더 중요한 것은 우리가 주변의 일반적인 장소에서 하나님의 임재를 찾고자 하는 의지를 확고히 해야 한다는 것이다.

조용히 야외를 산책하는 것은 우리가 가장 소중한 친구이신 그리스도를 만나는 귀중한 만남이라고 볼 수 있다. 종종 숲과 들판, 정원, 강가나 산등성이 같은 곳에서 그리스도의 임재가 강렬하고 충만하게 느껴져서 그 순간을 음미하기 위해 잠시 멈추어 서기도 했다.

20세기 말에 사는 사람이지만, 나는 부활절 아침 묘지에 홀로 있던 막달라 마리아에게 밀려 들어왔던 황홀함과 경외심에 대해 잘 알고 있다. 살아 계신 주 예수 그리스도와의 그 영원한 만남에서 그녀는 "랍오니!", 곧 "선생님!" 하고 외칠 수 있었을 뿐이었다.

---

* 이 단어는 헬라어 '엔 데오'(en theo)에서 나온 것으로, 이는 '하나님 안에서'(in God)라는 의미이다.

주님은 수많은 세기가 흘렀어도 변하지 않으셨다.
지금도 주님은 열심히 주님을 찾는 우리에게 다가오신다.
우리의 신체적인 감각 기관으로는 들을 수 없지만,
우리 내면의 영혼에 분명하고 설득력 있게 말씀하고 계신다.
주님은 우리에게 "주님이 살아 계신다."라는 것을 확신시켜 주신다.
주님은 우리에게 영적인 힘을 주셔서 회복시키시고,
새롭게 하시며, 부활의 능력을 누리게 하신다.

그리스도인이 자주 걷지 않는다는 사실은 종종 나를 놀라게 했다. 이와는 아주 대조적으로 정말 많은 사람이 휴양을 위해 골프를 치거나, 스키를 타거나, 테니스를 치거나, 자동차 여행을 한다는 사실이 놀라웠다. 이 모든 활동은 비용이 많이 든다. 정교한 장비, 특수 의류, 수수료와 여행 경비에는 끝없는 비용이 든다.

야외에서 산책하는 것은 누구나 어차피 신어야 하는 좋은 신발 한 켤레 가격을 제외하고는 비용이 들지 않는다. 걷기가 요구하는 것은 걷겠다는 단순한 결심이다. 대부분의 사람에게는 이러한 결심이 부족하다! 그렇기 때문에 이번 장을 이 책에 포함시켰다.

인생에서 가장 소중한 것들 가운데 많은 것이 완전히 무료라는 말은 정말로 맞는 표현이다. 산책도 그런 것 가운데 하나다. 당신의 집 현관에서도 시작할 수 있다.

밖으로 나가 무료로 구름을 차지하라.

일몰과 일출의 광채로 당신의 심령을 자극하라.

눈을 들어 산들을 보고, 힘을 새롭게 하라.

대기 중에 짙게 퍼져 있는 꽃과 나무와 관목의 향기를 들이마시라.

호수와 들판 위를 널리 바라보며 시야를 넓히라.

해와 달과 별이 빛나는 하늘 앞에 조용히 서라.

잠잠히 서서 하나님이 바로 여기 계심을 알라.

너무나 많은 사람이 하나님을 예배당 안에서만, 설교를 들을 때만, 아주 힘 있는 전도 집회에서만, 어려운 교리 강론에서만 만날 수 있다는 생각에 속아 왔다.

그러나 하나님이 창조하신 우리 주변의 자연 세계 모든 곳에서 그리스도께서는 우리에게 분명하게 말씀하신다. 실제로 하늘은 하나님의 성품 자체를 선포하고 있다. 땅의 놀라운 일들은 하나님이 손으로 하신 일을 드러내고 있다.

우리의 문제점은 하나님께 관심을 기울이거나, 시간을 내어 드릴 준비가 되어 있지 않다는 것이다.

애완동물이 지나치게 우리의 우선순위를 차지하고 있다.

우리는 자기 관심사에 영합하기를 좋아한다.

그저 부드럽고 겸손하게, 말 그대로 하나님과 함께 걸으라는 것 자체가 터무니없게 여겨진다.

옛날 선지자 미가는 아주 분명하게 말했다!

"사람아 주(전능하신 하나님)께서 선한 것이 무엇임을 네게 보이셨나니 여호와께서 네게 구하시는 것은 오직 정의를 행하며 인자를 사랑하며 겸손하게 네 하나님과 함께 행하는 것이 아니냐"(미 6:8).

야외에 나가 우리 아버지와 단둘이 친밀한 시간을 보내는 이러한 습관은 대부분에게 너무 단순하거나, 너무 실천하기 쉽거나, 어쩌면 너무 두려운 일일 수도 있다. 동시대 사람들의 대부분은 교회의 세련된 프로그램을 더 선호한다. 교회가 그리스도와 교제하기에 훨씬 더 확실한 장소라고 여기는 것이다.

겸손하게 산, 호수, 강의 기슭을 따라 하나님과 걸을 정도로 용감한 소수의 사람은, 자신과 함께하시는 하나님의 임재로 인한 순전한 기쁨에 놀라게 될 것이다. 그들은 하나님이 어떻게 꽃향기에, 새와 바람과 물의 평화로운 노랫소리에, 땅과 하늘과 구름의 고요한 아름다움에 그들이 관심을 기울이게 하시는지 알게 될 것이다.

그러한 평온한 순간에 나는 조용히 하나님을 향하여 그토록 많은 아름다운 것들에 대해 겸손하고 진정한 감사를 드렸다. 내 안에서 심령이 새롭게 되는 것을 느꼈다. 내 영혼은 주변 곳곳에 있는 하나님의 걸작품의 영광과 경이로움으로 인해 깨어났고, 살아났으며, 힘을 얻게 되었다. 평화와 안식의 평온한 느낌이 삶의 불안과 어려움을 대신하게 되었다. 내 안의 모든 것이 다 평안해졌다.

　우리 같은 보통 사람도 누구나 지구의 경이로움과 장엄함을 누릴 수 있다. 그것들을 무료로 누릴 수 있다. 그러나 그러한 것들을 개인적으로 찾아가서 소유하기 위해서는 시간을 들여야 한다.
　우리 하나님의 풍요로우심을 풍성히 누리기 위해 교외에 커다란 땅을 소유한 백만장자가 될 필요가 없다. 하나님은 모든 것을 값없이 자유롭게 누리도록 우리에게 주신다. 모든 은혜로운 혜택이 우리 아버지께서 주시는 넉넉한 선물로 나에게 임하는 것이다. 내가 그것을 받아들이기만 하면 말이다.
　그러므로 즐겁고 근심 없는 태도로, 행복한 모험을 한다는 기분으로 야외로 나가는 것이 중요하다. 또한 멋지고 놀라운 일을 기대해야 한다. 이것은 행동에 대한 평범하고 오래된 믿음이다. 산책에서 돌아올 때쯤이면 산책을 나갔을 때보다 아름다운 추억으로 삶이 더 풍요로워지게 되고, 건강도 훨씬 더 좋아지게 될 것이다.
　내가 오래된 워킹화를 신고, 편안한 아웃도어 재킷을 걸칠 때 이러한 분위기가 나를 감싼다. 그리고 나서 들뜬 기분으로 산책을 나간다. 그것은 건강한 삶과 건전한 시각, 그리스도와의 교제를 통해 강하게 힘을 얻는 영혼의 모든 것이다.

야외 활동을 좋아하는 법을 배우는 사람에게 주어지는 수많은 유익이 있다. 몸을 튼튼하게 해주는 훌륭한 신체 활동, 신선한 공기, 햇살, 더 넓은 시야가 마음에 주는 자극 등이다. 그것들은 각각 나름의 방식으로 하루를 풍요롭게 해주고, 삶에 활력을 불어넣어 준다.

정말 놀라운 점은, 그저 문밖에 나가기만 하면 얻을 수 있는 이 놀라운 보화들을 발견하는 사람이 참으로 적다는 것이다.

일반 대중들 사이에서 야외 활동에 대한 관심이 조금씩 늘어나는 것처럼 보인다. 이것은 정말 고무적인 일이다. 더 많은 사람이 자연 세계에서 즐거움과 회복을 찾을수록, 자연환경을 소중히 여기고 보존하는 법을 배우는 사람이 많아질 것이기 때문이다. 그리고 반드시 하나님의 백성은 우리의 귀중한 유산을 보존하는 일에 경각심을 가지고 깨어 있음으로 자기 역할을 잘 감당해야 한다.

환경 보호 운동 초기에 존 뮤어(John Muir), 잭 마이너(Jack Miner), 시어도어 루스벨트(Theodore Roosevelt) 같은 용감한 그리스도인들이 지구의 경이로운 자연을 위해 담대하게 목소리를 높였었다. 그들은 하나님 우리 아버지께서 우리에게 주신 천연자원에 대한 경외심과 존경심을 가질 것을 요구했다.

우리도 그렇게 해야 한다. 단지 멸종 위기에 처한 생물들과 위협받는 환경을 위해서만이 아니라, 우리 인간의 행복을 위해서도 그렇게 해야 한다.

지구의 장엄함과 영광은 우리에게 영감을 줄 수 있다. 하나님의 자녀인 우리는 그 아름다움이나 생명력을 약화시키지 않으면서 이 경이로운 유산을 누리는 법을 배워야 한다.

15
하나님의 말씀에서 얻는 영혼의 양식이
우리의 영혼을 지탱해 준다

우리 주변의 모든 타락에 대한 유일한 해독제는 그리스도의 내적인 임재와 능력이다. 그리스도만이 그분의 말씀으로, 생명으로, 성령으로, 진리로 우리 영혼을 붙들어 주시고 활력을 불어넣어 주실 수 있다. 그러므로 우리 마음과 감정과 의지를 주님의 가르침과 성품에 흠뻑 적셔야 한다

신체적으로 튼튼해지려면 건강에 좋고 영양가 있는 음식을 통해 몸에 영양분을 꾸준히 공급해야 한다. 마찬가지로 누구든지 영혼과 심령이 튼튼해지고자 한다면 영적인 진리와 원리를 통해 꾸준히 영양분을 공급받아야 한다.

겨우 일주일에 두어 번 드리는 교회 예배로 구성된 영적인 식단은, 파괴적인 사상 및 세상의 해로운 관념들의 침투에 취약한 그리스도인을 만들어 낼 것이다.

예수님이 기도를 가르치시며 "오늘 우리에게 일용할 양식을 주시옵고"(마 6:11)라는 문구를 포함시키셨을 때, 빵과 버터 이상의 것을 가리키셨다. 예수님은 영혼의 양식도 염두에 두신 것이다.

우리 몸에 적절히 영양분을 공급하려면 신중한 생각과 매일의 노력, 시간, 계획, 그리고 사랑이 담긴 준비가 많이 필요하다. 그러기에 음식을 먹는 것은 사람들이 참여하기 가장 좋아하는 여가 활동 가운데 하나다. 또한 음식은 사람들이 이야기하기 좋아하는 주제 가운데 하나이기도 하다.

같은 기준으로 평가해 본다면, 많은 그리스도인은 자기 영혼에 영양분을 공급하기 위해 시간이나 생각이나 비용을 들이는 일에 사실상 전혀 관심이 없다.

두 사람이 근사한 저녁 식사를 하는 데는 망설임 없이 20달러를 쓸 것이다. 그것도 한 달에 여러 번 흔쾌히 그렇게 할 것이다. 그러나 그리스도와 나누는 교제의 전체 경로를 20년 동안 바꾸어 놓을 수도 있는 좋은 책에는 20달러라는 돈이 지불하기에 비싼 가격이라고 느낀다. 저녁 식사는 두 시간이면 끝난다. 그러나 책을 잘 읽으면 자신의 삶뿐만 아니라, 내가 그 책을 빌려줄 다른 사람의 삶에도 영원히 영향을 미치게 될 수 있다.

여기서 이 진부한 비교를 하는 이유는, 사람들이 자기 영혼에 영양분을 공급하는 일의 중요성을 어떻게 인식하고 있는지 보여 주기 위해서다. 좋은 경건 서적이나 영감 있는 저서들만이 영혼에 훌륭한 영양을 공급하는 유일한 근원은 아니다.

그러나 하나님 말씀과 함께 좋은 책들은, 그러한 책들을 공부하고 되새기며 거기 담긴 진리를 흡수하는 모든 영혼에게 힘을 더해 주고, 영혼을 붙들어 준다.

내 삶을 돌아봤을 때 여기서 아무런 주저 없이 이렇게 말할 수 있다. 하나님의 말씀에 대한 연구, 그리스도와의 친밀한 교제, 그리고 훌륭한 책들이 해마다 내 영혼에 놀라운 방식으로 영양분을 공급해 왔다는 것을 말이다.

프랑수아 페늘롱(Franẘis Fènelon)과 헨리 드러먼드(Henry Drummond), F. B. 마이어(F. B. Meyer), G. 캠벨 모건(G. Campbell Morgan), 마틴 로이드존스(Martyn Lloyd-Jones), A. W. 토저(A. W. Tozer), 한나 W. 스미스(Hannah W. Smith), 오스왈드 챔버스(Oswald Chambers), 앤드루 머리(Andrew Murray), 존 스토트(John Stott) 등, 이 저자들의 특별한 통찰은 헤아릴 수 없을 만큼 내 삶을 풍요롭게 만들어 주었다.

그들이 매일의 삶을 통해 배우고 자신들의 유익한 저서를 통해 내게 전달한 심오한 원리들은, 내 영혼에 힘을 주고 내 심령을 고양시키는 엄청난 근원이 되었다. 나는 우르줄라가 훌륭한 솜씨와 사랑으로 구운 빵을 내놓을 때 감사를 표현하는 것처럼, 좋은 책을 주신 데 대해 우리 아버지 하나님께 매일 진심으로 감사를 드렸다.

바로 지난주에 나는 1967년에 구입했던 별로 눈에 띄지 않을 정도로 작은 문고판 책 한 권을 우연히 발견했다. 구입한 당시에 그 책을 읽기 시작했었지만, 첫 아내의 죽음으로 인해 힘겨운 나날을 보내는 동안 어쩌다 보니 어디에 두었는지조차 잊어버렸었다. 그러다가 지난주에야 다시 그 책을 발견한 것이다.

그 책은 바싹 마르고 너무 낡은 데다 해어진 상태였고, 책등이 찢겨 있었기에 페이지를 넘길 때마다 책장이 떨어져 나왔다. 그러나 각각의 소중한 페이지마다 내가 오랫동안 읽지 않았던 영원한 진리의 깊고 감동적인 원리들과 하나님의 빛이 반짝이고 있었다.

그 책은 정확히 100년 전에 집필되고 출판된 책이었다. 그런데 오늘 낡은 채로 내 책상에 펼쳐져 열심히 읽혔던 이 책은, 위에서 오는 양식으로 내 영혼에 영양분을 공급해 주었다.

나는 마치 우리 아버지께서 제공하시는 최상의 음식을 맛보기 위해 왕실 연회에 참석한 개인 손님처럼 느껴졌다. 이 하나님의 성도의 훌륭한 통찰로 인해 나의 심령은 감동을 받은 것은 물론, 더 나아가 이 책에서 밝혀진 진리를 통해 그리스도와 교제함으로 내 영혼은 자양분과 힘도 얻었다.

교회 역사 가운데 이제는 하나님의 백성들에게 상기시켜야 할 때가 되었다. 그들이 하나님이 주신 풍성한 말씀과 훌륭하고 고귀한 책들에서 얻는 복으로 영양분을 공급받지 않는다면, 그들의 영혼이 굶주리게 될 것이라는 사실을 말이다. 고상하고 영감을 주는 문학의 고귀한 전통이 이 세대에게 전해졌다. 그러나 대부분의 그리스도인은 그들이 누릴 수 있는 놀라운 진리와 훌륭한 음식을 맛보지 못하고 있다.

우리 몸과 마찬가지로 우리 영혼도 먹는 것에 따라 달라진다. 만일 우리가 정크 푸드와 함께 단것들만 먹는다면, 우리는 말 그대로 정크족,

즉 영양가 없는 사람들이 될 것이다. 만일 우리가 세상의 현혹하는 오락만을 즐기고 우리 마음과 감정에게 미디어가 드러내는 쓰레기를 먹인다면, 우리는 영적인 힘이나 분별력이 없는 무지한 사람들이 될 것이다.

지난 세기에 하나님의 위대한 거장 가운데 한 사람이 이와 같은 글을 썼다. 현대 그리스도인들은 이 말에 주의를 기울여야 할 필요가 있다.

"우리가 하나님의 계시된 진리인 하나님의 말씀을 입술에 담고 그것을 먹는다면, 즉 우리가 하나님의 말씀을 묵상하며 자신에게 반복하여 말한다면, 우리는 그 말씀을 받아들여 그 의미를 완전히 이해하게 될 것이다. 이러한 상식적인 방법을 통해 우리는 우리 영혼이 말씀을 먹으며 영양분을 공급받게 된다는 것을 알게 될 것이다. 그렇게 해서 우리가 강하고 담대해지게 된다."

그런 다음 우리는 그리스도의 명령을 조용하지만 절대적으로 순종하는 간단하고도 즉각적인 행동을 거기에 덧붙여야 한다. 이것은 하나님에 대한 솔직한 믿음을 실천하는 하나님의 자녀가 갖추어야 할 책임 있는 행동이다.

이러한 사람은 은혜로우신 성령의 권고와 인도를 완전히 확신하게 된다. 이 모든 것에는 영혼의 힘과 심령의 평온함이 있는 것이다.

여기에 작동하는 심오한 원리가 있는데, 사람들은 대부분 이것을 무시하곤 한다. 우리가 마음에 생각하고 묵상하는 것이 우리의 영혼에 양식을 준다. 그러나 더 중요한 것은 내면의 생각이 우리의 성품을 형성하고, 행동을 다스리며, 대화의 방향을 이끈다는 것이다.

물론 대부분의 사람은 교양 있는 사람이 되기 위해 노력한다. 사람들이 대중 앞에서 토론할 때나, 신자들 사이에서 행동할 때는 존경할 만한 사람으로 보이게끔 겉치장을 한다. 그러나 이면에 있는 그들의 사고방식은 우리의 우둔하고 타락한 문화가 만들어 낸 비열하고 혐오스러운 것일 수 있다.

현대 사회에서는 온갖 비뚤어진 사상과 기만적인 가치가 공공연하게 전파되고 있다. 불신자들의 근본 사상, 관능주의자들의 교묘한 제안, 불가지론자들의 심각한 냉소주의, 인본주의의 공허한 철학이 우리 주변에 넘쳐나고 있다. 이러한 것들이 신문과 잡지, TV 프로그램, 라디오 방송, 서점, 교실, 대학, 산업, 정부, 사회생활에 만연해 있다. 우리가 사는 세상이 잘못된 것은 당연한 일이다!

우리 주변의 모든 타락에 대해 직통인 유일한 해독제는 그리스도의 내적인 임재와 능력이다. 그리스도만이 그분의 말씀으로, 생명으로, 성령으로, 진리로 우리 영혼을 붙들어 주시고 활력을 불어넣어 주실 수 있다. 그래서 우리가 세상에서 돌이켜 주님의 길을 걸어가게 하실 수 있다.

그러므로 우리 마음과 감정과 의지를 주님의 진리에, 주님의 가르침에, 주님의 성품에 흠뻑 적셔야 할 필요가 있다. 그러면 주님의 생각이 우리의 생각이 되고, 우리는 주님의 마음으로 힘을 얻게 되는 것이다.

그럴 때, 오직 그럴 때만 우리는 고상하고 정직하며 아름다운 것들, 순수하고 영원한 것들을 생각할 수 있게 된다. 이것이 바로 정신 나간 세상에서 하나님 및 인간과 관련하여 심령의 순수함과 동기의 정직함, 그리고 승리의 능력을 유지하는 비결이다.

여기서 하나님의 말씀을 연구하고 읽는 일이 보람을 주고, 정신을 고양시킬 수 있는 몇 가지 간단한 방법을 제안하는 것이 유익할 것이다. 많은 사람이 나에게 그 방법에 대해 질문하곤 한다.

우선 그리스도의 임재 가운데 아주 잠잠히 있으면서 아무런 방해를 받지 않고 혼자 있을 수 있는 조용한 장소를 찾으라. 적절한 조명과 필기할 수 있는 책상, 혼자서만 쓸 개인 노트, 그리고 잘 써지는 좋은 펜을 준비하라.

잠이 완전히 깬 상태로 씻고 정신을 바짝 차린 다음, 하나님의 성령께 귀기울일 준비를 갖추고 하나님과의 이러한 만남에 나아가라. 하나님에 대한 존경과 기대를 품은 심오한 내면의 태도는 필수적이다.

당신이 가장 좋아하는 성경과 함께 현대어로 번역된 성경을 한 권 정도 더 지참하라. 그리고 성경에 자유롭게 표시하는 것에 대해 주저하지 말라. 성경 용어 사전이 도움이 될 수 있을 것이다.

성경을 읽기 시작하기에 앞서 그리스도 앞에 겸손하게, 경외하는 마음으로 꿇어 엎드리라. 그리스도의 임재 가운데 당신의 생각과 감정을 차분하게 하라. 그리스도의 평온이 당신의 영혼에 밀려들게 하라. 그런 다음 당신이 오늘 읽는 구절을 통해 하나님이 분명하게 말씀해 주시기를 진지하게 간구하라.

하나의 복음서나 서신서, 또는 책 전체를 천천히 세심하게 읽어 나가는 것이 가장 좋다. 건너뛰거나 빼먹거나 무작위로 여기저기 옮겨 다니지 말라. 당신의 눈에 들어오는 각각의 문장과 내용과 분명한 명령을 반드시 노트에 기록하되 자신의 말로, 당신이 이해하는 평범한 언어로 기록하라. 하나님의 성령께서 당신을 잘 인도해 주시기를 간구하라.

그 주제에 대해 성경의 다른 부분들과 비교해 가며 보라. 그 주제에 대해 하나님의 말씀이 밝히는 모든 것을 알아 가도록 하라. 하나님의 자녀인 당신을 위한 그분의 목적과 약속을 분명하게 보여 주신 데 대해 아버지께 감사를 드리라. 그런 다음 일상의 행동 가운데 믿음으로, 하나님의 도우심을 힘입어, 그것을 실천하겠다는 자신의 결심을 기록하라.

이렇게 하면 당신의 영혼은 3개월 안에 아주 강건해질 것이다!

경건 서적이나 영감을 주는 책을 읽고 묵상하는 데도 이 같은 방법이 도움이 된다. 그러한 책들을 읽고 또 읽으라. 책에 표시를 하고, 여백에 메모도 하고, 기록한 것에 대해 곰곰이 생각해 보라. 하나님이 당신에게 하시는 말씀에 실제로 응답할 수 있도록 당신의 시간과 진지한 생각, 오롯한 관심을 하나님께 드리라.

이렇게 하면 어떤 책들과 특정한 장들, 중요한 주제들이 당신에게 보물창고가 될 것이다. 당신은 곧 그리스도에 대한 깊은 확신을 가진 사람, 커다란 충성심을 가진 사람이 될 것이다. 즉 그리스도를 알고 사랑하는 사람, 그리스도를 섬기고 신뢰하며 순종하는 사람, 다른 사람들을 그리스도께 인도하는 사람이 될 것이다.

당신이 하나님의 말씀에서 얻는 영혼의 양식은 당신의 영혼에 영양분을 공급하며, 영혼을 붙들어 주고 힘을 줄 것이다. 그리하여 당신은 많은 강단에서 제공하는 양식만으로는 만족하지 못하게 될 것이다. 당신은 그리스도의 음성을 직접 듣는 방법을 배울 것이며, 그 예리한 인식 가운데 주님의 말씀이 당신에게 영과 생명이 될 것이다. 그 말씀은 당신에게 활력을 주고, 전율하게 하고, 능력을 주어 주님의 영광을 위해 많은 것을 이루어 내게 할 것이다.

이와 마찬가지로 우리가 교제하는 사람들에 의해 우리의 생각과 사상, 확신과 가치가 형성된다는 것은 놀라운 사실이다. 우리는 너무나 자주 세상적인 마음을 가진 사람들이 우리에게 영향을 미치도록 놔둔다. 특히 우리가 그들을 자주 만나고, 같이 일하며, 여가를 함께 보내는 경우에는 더욱 그렇다. 설령 그들이 쾌활하고 너그러운 사람들일지라도 그리스도나 주님의 길에 대해서는 알지 못하기 때문에, 그들은 하나님의 은혜로우신 성령 안에서 우리가 가진 증거를 쉽게 약화시킬 수 있다.

그러므로 담대하고 굳센 그리스도인을 친구로 삼는 일을 중시하라고 독자에게 충고하겠다. 겸손하고 진지하게 주님과 동행하는 사람들과 시간을 보내라. 주님의 임재를 즐기고, 자신들의 삶에 주님이 함께하심에 대해 감사와 영광을 돌리는 데서 큰 기쁨을 찾는 사람들과 교제하기를 힘쓰라. 그들의 기쁨이 당신의 영혼에 힘을 더해 줄 것이다.

다시 진지하게 말하지만, 일주일에 두어 번 예배에 참석하고, 어쩌다 형편이 될 때 특별 기도회에 한 번 참석하는 것으로는 당신의 영혼에 영양분을 공급하거나, 하나님 안에서 당신의 심령이 힘을 얻기에는 충분하지 않다. 당신은 몸의 건강을 위해 일주일에 세 번만 음식을 먹지는 않을 것이다. 그런데 어떻게 그런 스파르타식 식단으로 영적으로 튼튼해지기를 바랄 수 있겠는가?

이 문제는 이 책의 다른 부분에서도 언급했지만, 너무나 중요하기에 우리 아버지 하나님 안에서 당신의 영혼이 힘을 얻는 방법으로 여기서 다시 다루어 보도록 하겠다. 이것은 정말 극소수의 사람만이 실천하는 고상한 영적인 비결이다.

시간을 내어 그리스도와 교제하라. 주님과 은밀히 대화하되, 당신의 삶에 있어서 모든 부분에 대해 소리를 내어 정직하게 아뢰라. 주님이 당신의 일상생활의 모든 영역에, 즉 당신의 집과 가족, 사업, 여행, 취미, 돈, 투자, 여가에 공공연히 자유롭게 들어오시도록 허용하라. 당신이 내리는 모든 결정에서 주님의 지혜와 통찰력과 인도를 구하라.

주님이 당신의 일들을 다스리시게 할 때, 내면의 행복과 초자연적인 (주님의) 능력에 대한 엄청난 의식이 당신의 영혼에 가득하게 될 것이다. 당신은 자신의 삶에 대하여 강력한 목적을 가진 능력 있는 사람이 될 것이다. 그리고 바로 당신 안에 계시는 부활하신 그리스도의 생명은, 당신의 세대에 영향을 미치게 될 것이다.

앞서 말한 모든 것은 가끔 '믿음의 기도'라고 불리기도 한다.

그리스도와 나누는 지속적인 교제와 함께, 당신의 사랑이 넘치는 관계에서 우리 아버지께서 하시는 모든 역할에 대해 아버지께 겸손하고 진정한 감사를 꾸준히 표현해야 한다. 아버지께서 베푸시는 아름다운 은혜는 물론, 사랑의 징계까지도 모두 기억하려고 찬찬히 노력하라. 큰 소리로 하나님께 감사하라. 진지하게 감사하라. 자주 감사하라. 다른 사람들도 하나님의 신실하심을 알게 되도록 그들 앞에서도 진정한 기쁨으로 하나님께 감사하라.

이것은 가끔 '영의 찬양'이라고 불리기도 한다.

그것은 당신의 영혼을 고양시키고 풍요롭게 할 것이다. 가장 중요한 것은, 그것이 하나님을 기쁘시게 한다는 것이다.

16
하나님의 백성은 세상의 슬픔에 노래를 들려줄 수 있다

그리스도께서는 모든 기쁨의 주가 되신다. 주님은 시대를 가로지르고, 우리 인간의 심금을 가로지르는 음악의 선동가이시다. 미숙한 우리 인간에 대한 주님의 간절한 뜻과 최고의 바람은 주님의 사랑과 은혜, 긍휼과 사죄를 통해 우리가 주님과 진정한 조화를 이루는 것이다.

모든 다양한 형태의 음악은 우리 아버지 하나님이 지구와 이 땅에 사는 사람들에게 주신 위대한 선물 가운데 하나다. 음악은 하나님의 성품에 있어서 아주 중요한 측면이다. 지구가 창조되기 전에도 은하계의 별들이 지극히 높으신 하나님의 힘과 능력을 기쁘게 찬양하며 함께 노래했다. 하나님의 모든 경이로운 작품은 가장 아름다운 조화를 이루었으며, 영광스러운 기쁨과 감동적인 멜로디를 내며 움직이도록 만들어졌다.

하나님이 움직이시고, 일하시고, 거하시는 곳마다 '하나님의 영원한 임재'라고 하는 장엄한 음악이 있다. 하나님은 언제나 음악의 거장이시며, 모든 멜로디 작곡에 있어서 최고의 작곡가이시고, 모든 위로와 위안의 신성한 창조자시다.

한마디로 그리스도께서는 모든 기쁨의 주가 되신다! 주님은 시대를 가로지르고, 우리 인간의 심금을 가로지르는 음악의 선동가이시다. 미숙한 우리 인간에 대한 주님의 간절한 뜻과 최고의 바람은 주님의 사랑과 은혜, 긍휼과 사죄를 통해 우리가 주님과 진정한 조화를 이루는 것이다.

　창조의 초기부터 하나님은 음악을 창조하셨다. 하나님은 광대한 지구를 가로질러 널리 웅장한 멜로디가 울려 퍼지게 하셨다.

　바다의 노래, 흐르는 시냇물의 경쾌한 멜로디, 나무들 사이에서 들리는 바람의 속삭임, 수많은 새들이 지저귀는 아름다운 소리, 들판의 풀과 곡식 위로 불어오는 산들바람의 소리 없는 나부낌, 호숫가에 부딪히는 물결의 사랑스러운 찰싹거림, 만족스러워하며 노는 아이들의 부드러운 흥얼거림, 마음이 즐거운 어른들의 나지막한 웃음소리, 풍성한 기쁨이 넘쳐흐르는 삶의 아름다운 노래들.

　하나님은 이 모든 것을 지으셨다. 우리에게도 하나님은 우리의 하찮은 삶으로 음악을 연주할 것을 권유하신다. 가능한 한 쉬운 말로 표현하자면 하나님은 우리에게 기뻐하라고, 기쁨이 충만하라고, 기뻐하는 사람이 되라고 독려하시는 것이다. 하나님의 기쁨이 바로 우리의 기쁨이 되어야 한다. 선한 마음과 쾌활함, 즐거움, 멜로디, 웃음이라는 이 특성이 우리 영혼의 음악이 되어야 한다.

　우리는 달콤하게 노래하는 영혼을 가진 사람들, 하나님의 뜻과 조화를 이룬 평화로운 뜻을 가진 사람들, 깊은 기쁨을 가진 사람들이 되어야 한다. 하나님은 우리가 영원히 지속되는 음악을 만드는 것을 듣기를 좋아하신다. 하나님은 우리가 그분과의 교제에 만족할 때, 우리 영혼에서 솟아나는 평온함의 달콤한 노래를 함께 나누기를 간절히 바라신다. 실제로 하나님은 진정으로 참회하는 순전한 인격, 하나님과 함께하는 평화와 기쁨을 발견한 인격에서 찬양의 멜로디를 쏟아 내는 사람과 함께 거하신다.

내가 소년이었을 때, 어머니가 내 삶에 미친 가장 강력한 영향은 어머니가 만들어 내는 음악이었다. 어머니는 엄격한 선생님이었지만, 우리 집 여기저기서 아름다운 음악을 만들어 내는 분이기도 했다. 어머니는 내가 들어본 것 중에서 가장 훌륭한 소프라노 목소리를 풍부하게 갖고 있는 분 가운데 하나였다. 어머니의 목소리는 아주 맑을 뿐만 아니라, 넓은 음역과 힘을 지닌 악기와도 같았다.

어머니는 정식으로 훈련을 받은 적이 없었다. 그럼에도 어머니는 집에 있는 사적인 상황에서나, 공적인 모임에서나 어느 때든지 노래를 부르기 일쑤였다.

나는 어렸을 때 보냈던 낙심되고 아주 힘들었던 날들을 생생하게 기억하고 있다. 어머니와 아버지는 주변의 이교도들 사이에서 원시적인 악의 세력과 심한 싸움을 벌이고 있었다. 그때 어머니의 노래는 우리 모두에게 커다란 힘의 근원이 되었다.

어머니는 우리 언덕 건너편 오두막에 사는 죽어 가는 사람들을 구원해 달라고 몇 시간이나 무릎을 꿇고 그리스도께 부르짖곤 했다. 그런 후에는 영적인 승리의 확신을 가지고, 감동적이고 심금을 울리는 찬양과 승리의 노래를 부르기 시작했다. 노래는 전원을 가로질러 크게 울려 퍼졌고, 아프리카인들은 두려운 마음으로 그 노래에 귀를 기울였다.

예배 때에 나는 어머니가 기쁨에 찬 수천 명의 아프리카인을 인도하는 것을 보았다. 그들도 노래하기를 좋아했는데, 방송 시스템의 도움이나 혜택을 전혀 받지 않고도 아름다운 화음을 들려주었다. 온 회중에게 기쁨이 넘치는 찬양과 경외심을 느끼는 예배에 동참하기를 격려하시는 어머니의 목소리는 아름답게 높아지곤 했다.

하나님은 성령을 통해 회중 가운데서 강하게 역사하셨다. 그것은 어머니의 기도 때문이기도 했고, 어머니의 아주 멋진 노래 때문이기도 했다. 그곳에는 실제로 그리고 참으로 슬픔 대신 기쁨을 주고, 근심 대신 찬송을 주는 역사가 있었다.

물론 우리가 다 나의 어머니처럼 훌륭한 목소리를 선물로 받은 것은 아니다. 우리 가운데에는 음표가 20개 이상인 노래도 정확히 부르지 못하는 사람도 있다. 우리는 악기조차 하나 제대로 연주할 수 없는데, 일반적으로 기분 좋은 소리나 감동적인 멜로디에 맞추어 따라 부르는 노래는 더더욱 못한다. 만일 그렇게 할 수 있다면, 그 사람은 복이 있고 특별한 은사를 받은 것이다.

그러나 우리는 다 음악을 연주해야 한다. 내가 이 장에서 말하려는 음악은 영혼과 심령의 음악이다. 이 음악의 근원은 초자연적인 영역에 있다. 그것은 우리 가운데 누구라도 취하셔서 우리 각자의 특유한 인격과 성품을 하나님의 손에 들린 악기로 사용하시는, 우리 아버지의 놀라운 능력에서 나온다. 작곡의 거장이신 그리스도께서는 그분에게 엄청난 기쁨과 만족을 드리는 화음과 멜로디, 기쁨의 노래를 우리에게서 이끌어 내실 수 있다. 게다가 우리의 삶의 음악은 다른 사람에게도 순전한 기쁨이 될 수 있다.

여기에 바로 내가 지금 말하고 있는 영혼의 음악이 있다. 이것은 이번 주에 우리에게 온 편지에서 발췌한 짧은 문구다.

"주님이 우리를 또 참아 주시다니 정말 기쁘네요. 주님의 집을 떠날 때마다 저는 항상 주님이 나를 사랑하시고, 축복하시고, 새롭게 해주심을 느낍니다. 우리가 주님을 필요로 할 때 거기에 계신다는 것만으로도 얼마나 감사한지요!"

이것이 감사와 선한 마음의 음악이다.

오늘날 우리가 잘 쓰는 표현으로 '질적인 삶'이라는 말이 있다. 이 말은 대부분의 사람이 경험하는 것보다 더 높은 수준의 삶을 사는 것을 애매모호하게 가리키는 포괄적인 표현이다. 이 말에는 어떻게든 우리의 지상에서의 삶에 진귀한 영적인 차원이 더해질 수 있다는 사실이 막연하게 포함되어 있다. 사실 어떤 사람들, 특히 젊은이들은 그것을 유행이라고까지 부른다. 그들 가운데 많은 사람은 가정이든 학교든 세상이든 전반적으로 하나님 우리 아버지를 알지 못하고, 그리스도에 대해 듣지 못한 환경에서 자라났다.

최상의 질적인 삶을 누리는 최고의 비결은 영원하신 아버지를 직접 아는 것이다. 하나님을 내 아버지로 알고, 살아 계신 그리스도를 가장 소중한 친구이자 왕으로 알며, 하나님의 은혜로우신 성령을 가장 친근한 상담자로 아는 것이다.

이 최상의 관계에는 강렬한 기쁨과 안식이 있다. 이것은 자기 몰두에서, 이기적인 사욕에서, 자기만족의 모든 허영심에서 자유롭게 된 영혼에서 나오는 최고의 노래다.

이제 우리의 기쁨의 중심은 그리스도의 성품에서 발견하게 된다. 우리 삶의 기쁨은 우리 아버지 하나님의 본질적인 선하심과 은혜, 관대하심에서 비롯된다. 우리의 화음은 하나님의 임재하심과 그분의 성령으로 인한 내적인 평화라고 하는 근원에서 솟아나는 것이다.

이것이 "주 안에서 기뻐하라"(빌 3:1)라는 말씀의 의미다. 즉 주님이 우리에게 매일 베푸시는 은택과 복에 대해서만 아니라, 주님의 심오한 인격의 경이로움과 풍성함에 대해서도 기뻐하라는 것이다.

하나님은 삶의 수많은 순간에 나와 나에게 속한 모든 것을 만지시고 변화시키신다. 하나님은 나에게 그분의 영원한 생명을, 초자연적인 생명을, 최상의 생명을, 그분의 풍성한 생명을 주시는 분이다. 이 기쁨과 황홀함, 이 확신이 내 영혼의 음악이요, 내 심령의 노래이며, 내 삶의 힘이다.

하나님이 계속 살아 계시므로 이 음악도 계속될 것이다. 하나님이 영원하시므로 이 음악도 영원할 것이다. 이것이 바로 주님의 음악인 것이다.

자유를 얻은 영혼의 노래보다도 사람들을 우리 구주께로 끌어당기는 위대한 자석은 없다. 그것은 지극히 높으신 하나님의 아름다운 음악이다. 그 멜로디는 하나님이 편곡하시는 것이며, 그 화음은 작곡의 거장이신 그리스도에게서 나온다.

신자들은 자신들의 믿음을 선포할 수도 있다. 경건한 그리스도인들은 자신들의 교리를 주장할 수도 있다. 학자들은 자신들의 학문적 차이점을 주장할 수도 있다. 그러나 하나님만을 기쁨의 노래의 주제로 삼은, 평범한 사람의 기쁨에 찬 노래만큼 죽어 가는 사람의 영혼을 빨리 감동시키는 것은 없을 것이다. 그것은 다른 사람을 그분 자신에게로 부르시는 그리스도의 방법이다.

삶에 주님의 음악이 울려 퍼지는 사람은 최고의 구령자라고 할 수 있다. '구령자'라는 용어는 교회에서 고도로 프로그래밍된 그리스도인들이 잘 이해하지 못하는 표현이다. 영혼을 구원하기 위해서는 특별한 기술을 사용해야만 한다고 믿는 사람이 너무나 많이 있다.

어제 아침 일찍, 나는 시골길을 따라 조용한 산책을 했다. 어떤 차 한 대가 도로를 벗어나서 집이 없는 곳에 차를 세웠다. 그 차에서 크고 멋진 독일산 셰퍼드 한 마리가 뛰어나오더니, 잠시 뒤에 강인해 보이는 작은 노인이 따라 내렸다. 그 둘은 마치 터프한 카우보이 한 쌍처럼 보였다.

길을 건너가서 이 무뚝뚝해 보이는 낯선 사람과 이야기를 나누고 싶은 강한 충동이 들었다. 말을 여섯 마디도 나누기 전에 그의 입에서는 분노와 욕설이 터져 나왔다.

그는 고속도로 관리공단이 도로를 변경한 것에 질색했다. 그리고 나라를 망가뜨린 대기업을 욕했다. 전화국 사람들이 자기 전화를 도청한다며 저주를 쏟아 냈고, 자신이 내는 세금을 착취하는 부패한 정치인들 모두에게 독설을 퍼부었다.

그가 비판을 끝내고 분노를 다 쏟아 냈을 때, 나는 그를 향해 부드럽게 웃으면서 이렇게 말했다. "정말 믿을 수 있는 사람이 하나도 없군요, 그렇지요? 하지만 전적으로 믿을 수 있는 분이 한 분 계십니다. 그리스도께서는 결코 당신을 배반하지 않으십니다. 우리 아버지 하나님은 자기에게 나아오는 모든 사람에게 절대적으로 신실하신 분입니다!"

그의 입이 벌어졌다. 그의 눈에는 눈물이 어렸다.

그가 내 얼굴을 똑바로 쳐다보더니 부드럽게 말했다. "선생님, 제가 내뱉은 더러운 욕들을 용서해 주십시오. 그러니까 저는 정말 하나님을 찾고 있습니다. 저는 심판 날에 하나님을 만날 수밖에 없다는 걸 알고 있답니다."

그는 엄청 슬픈 눈빛으로 나를 바라보았다. 그의 멋진 개가 그를 위로하려고 다가오더니 내 다리에 코를 대고 킁킁거렸다.

나는 그의 낡은 차를 들여다보았다. 조수석에는 그가 읽고는 있었지만 이해하지는 못했던 성경책이 펼쳐져 있었다. 나는 전혀 모르는 이 사람에게 그리스도를 절대적으로 신뢰하라고 조용히 권유했다. 그리스도야말로 그에게 분노의 재 대신 화관을, 지독한 불경 대신 찬송을, 끔찍한 냉소주의 대신 영혼의 음악을 주실 수 있는 분이었다.

내가 떠날 때 그는 기쁨에 넘쳐 나에게 이렇게 외쳤다. "주님은 왕 중의 왕이십니다! 주님이 영원히 다스리십니다! 주님은 결코 변하지 않으십니다. 이번 주일 아침에는 교회에 가겠습니다!"

내가 집을 향해 길을 걷고 있을 때 내 영혼에 숭고한 노래가 울려 퍼졌다는 것이 놀랍지 않은가? 이것은 평범한 길 위에 있는 평범한 사람을 위한 음악이다.

우리는 부끄러워하지 않고, 주저 없이, 당황하지 않으면서 그리스도에 대한 우리의 확신을 다른 사람들과 차분히 나눌 수 있다. 이 일은 어렵거나 거북하거나 부자연스러운 일이 아니다. 우리 아버지를 직접 아는 것과 간절한 기대를 품고 다른 사람에게 그분을 친절하게 소개하는 것은 숨길 수 없는 기쁨이다.

존경받는 옛 시편 저자 다윗은 이 개념들, 즉 이 '질적인 삶'을 이러한 시적인 문구들로 표현했다. 이것은 순수한 음악이다.

"주께서 생명의 길을 내게 보이시리니 주의 앞에는 충만한 기쁨이 있고 주의 오른쪽에는 영원한 즐거움이 있나이다"(시 16:11).

이 구절은 사실을 말하고 있다!
그것은 땅에 울려 퍼지는 하늘의 화음이다!
그리스도 안에 있는 풍성한 생명의 음악이다!

주님의 생명은 우리 입술에 웃음을 가져다준다. 우리 내면에 커다란 선한 마음을 불러일으킨다. 역경 가운데서도 놀라운 용기를 만들어 낸다. 마음에 화음이 울려 퍼지게 한다. 주님의 생명은 매 순간 모든 장애물을 극복할 수 있는 힘을 우리에게 준다. 이것이 진정한 영혼의 힘이며, 심령의 달콤한 평온이다.

참으로 그리스도를 사랑했던 여인, 한나 W. 스미스는 아주 단순하면서도 탁월하게 자기 아버지에 대해 이렇게 썼다.

"세상에 성자였던 사람이 있다면 나의 사랑하는 아버지가 그런 분이었음을 기억합니다. 그런데 아주 유쾌한 분이었던 아버지가 저에게 커다란 교훈을 주셨음을 고백합니다. 엄숙한 자리에서 아버지가 즐겁게 웃는 것을 보고 한 친구가 아버지를 지적했습니다. 아버지는 나를 바라보시더니 내 애칭을 부르시면서 즐거운 목소리로 말씀하셨습니다. '한, 만일 자기 죄를 용서받은 것을 아는 사람, 하나님이 자기를 사랑하시고 돌보신다는 것을 아는 사람이 웃을 수 없다면 누가 웃을 수 있을지 모르겠구나!'"

이것이 바로 영혼에서 우러나오는 음악이다.

이것이 우리의 순례길에 엄청난 기쁨을 불어넣는 질 높은 삶인 것이다. 그것은 산에서 솟아나는 샘물처럼 자연스레 노래와 웃음으로, 밝은 마음으로 터져 나온다. 그것은 절망을 몰아내고 낙심을 물리친다. 영혼을 위로하고, 심령에 활력을 불어넣어 주며, 우리 몸을 치유해 준다. 우리가 하나님을 삶의 모든 영역에 모셔 들이기만 하면 말이다.

주님을 위해 음악을 만들어 내는 즐거운 마음이 단지 내 영혼만을 풍요롭게 하고 회복시키기 위한 것이 아니라는 점을 강조하고 싶다. 그것은 또한 우리 아버지께서 다른 사람들을 그분 자신에게로 이끄는 데 사용하시려고 하는 달콤한 소리이며 멋진 멜로디다. 주님은 우리의 멜로디를 사용하여 우리 주변의 지친 사람들의 짐을 덜어 주고, 상처를 치유하시며, 용기를 불어넣어 주신다.

내가 만들어 내는 음악이 다른 사람을 노래하게 만들 수 있다.
우리 세대에게 축복의 향유가 될 수 있다.
하나님의 백성은 세상의 슬픔 가운데서 노래를 들려줄 수 있다.
그렇게 함으로 우리도 영원히 우리 아버지를 기쁘시게 해드릴 수 있다.

얼마나 큰 영광인가!

17
하나님과 동행하는
영광스러운 체험을 이야기하라

나를 용서해 주시고 새롭게 해주시는 그리스도의 엄청난 관대하심과 놀라운 은혜를 다른 사람과 나누기를 부끄러워하지 말라. 그것은 그리스도의 임재의 변화시키는 힘과 주님의 소중한 성령의 능력, 그리고 주님의 말씀의 막강함에 대한 감동적인 이야기다.

우리 모두에게 공통적으로 주어진 인생이라는 모험에서 기억이 하는 역할은 점점 더 중요해지고 있다. 우리는 기억력 감퇴에 관한 온갖 농담을 하곤 한다. 믿을 수 없는 기억력으로 하게 된 엉뚱한 행동에 대해 변명하기도 한다. 우리는 우리 자신의 실수를 비웃는 법을 배운다. 어떤 사람들은 기억력을 향상시키고 발전시키기 위해 특별한 강좌를 이수하기도 한다.

이와 관련하여 내가 가장 좋아하는 말은 바로 이것이다. "나는 놀랄 만한 기억력을 갖고 있습니다. 하지만 잘 잊어버립니다."

이제 농담을 모두 제쳐두고 중요한 질문을 하나 해야겠다. "나의 기억력으로 영광을 돌리려면 무엇을 할 수 있을까?" 하는 것이다. 왜냐하면 기억력은 농담거리로 삼기에는 너무도 중요하게 여겨야 마땅한 우리 삶의 한 측면이기 때문이다. 실제로 기억력은 하나님 우리 아버지께서 고귀한 목적을 위해 우리에게 주신 놀라운 능력이다. 기억력이 없다면 우리는 무언가를 배울 수도 없다. 기억력을 지혜롭게 활용하면 기억의 은행에 예치해 놓았다가 인출하여, 다시 상기하고 즐기는 놀라운 보화들로 인해 우리 삶이 풍요로워질 수 있다.

우리가 보통 '이야기하기'(storytelling)라고 부르는 것에서 이러한 면이 아주 잘 나타난다. 문자 언어가 일반적으로 사용되기 전인 고대에는 부족의 전승과 현자의 지혜가 모두 이야기를 통해 세대에서 세대로 전해졌다. 대부분 원시 사회에서는 가족이나 친구들이나 씨족이 저녁에 모닥불 주위에서 갖는 모임이 하루 중 가장 중요한 일이었다. 그것은 바로 이야기를 하는 시간이었다!

부모와 원로들은 민간전승과 설화를 들려주는 오랜 과정을 통해 자신의 경험과 축적된 통찰을 자녀에게 전달했다. 그렇게 하는 것은 매우 존중을 받는 고귀한 일이었고, 이를 통해 가족과 사회가 번영하고 번창했다. 이야기를 하는 것은 즐거운 활동이었으며, 유능한 이야기꾼은 사회에서 매우 존경을 받았다.

나는 한동안 원시적인 사람들 사이에서 자랐다. 그들에게 있어서 이야기를 하는 것은 삶의 소중하고 감동을 주는 부분이었다. 나는 어릴 때 아프리카인 친구들에게서 이야기의 기술과 즐거움을 배웠다. 이후에도 나는 친한 친구나 가족과 함께 저녁에 수없이 캠프파이어를 하면서, 별들 아래 앉아 우리의 소중한 기억의 보물을 서로에게 쏟아 내곤 했다.

그래서 여러 해 동안 많은 사람이 나를 이야기꾼이라고 부르게 된 것은 그리 놀라운 일이 아니다. 그 호칭은 나에게 있어서 부끄러운 호칭이 아니다. 왜냐하면 기쁨을 주는 이 은사를 사용하여 청중에게 즐거움을 줄 뿐만 아니라, 우리 아버지 하나님께 진정한 영광을 돌리는 것이 내 목표였기 때문이다.

이 장의 목적은 바로 이러한 요점에 있다. 왜냐하면 나는 소위 교양 있는 사회에서 이야기꾼의 역할이 거의 사라질 정도로 줄어들었다는 사실을 잘 알고 있기 때문이다. 값싼 문고판 책들로 채워진 서재와 TV의 독재, 그리고 컴퓨터의 기억 장치가 그 자리를 차지하고 있다. 버튼을 누르기만 하면 우리의 생각은 프로그램화된 것에 노출된다. 그에 비해 우리는 너무 초라하게 느껴진다.

따라서 내가 여기서 호소하는 것은, 우리 삶의 기억할 만한 사건들을 이야기하는 기술을 회복하자는 것이다. 그것은 우리 아버지께서 사랑의 돌보심으로 계획하시고 마련하신 것이었다. 이에 대해 어떤 독자는 "그래서 뭐 어쩌라고요?"라고 비꼬면서 무시할 수도 있다. 그러나 나는 그리스도와 동행하는 자신의 영적인 체험을 겸손하고 진지하게 나눌 준비가 된 사람은 그리스도께 영광을 돌리고, 다른 사람에게는 유익을 끼친다는 것을 알 만큼 충분히 오래 살았다.

이것은 자신을 노출시키는 것을 요구하기 때문에 쉽지 않은 일이다. 대부분의 사람들은 자신의 삶 주위에 가림막을 쳐 두는 것을 선호한다. 그러나 이상하게도, 하나님은 자신이 친히 우리를 위하여 이루신 일에 대해 우리가 선포하는 것을 기뻐하신다.

우리의 하찮은 삶에서 그리스도께서 차지하시는 역할과 위치를 이야기하는 것은 그리스도께 큰 영광을 돌리는 일이 될 수 있다. 또한 그것은 우리 자신의 영혼을 강건하게 해주는 일이기도 하다.

우리 주님의 지상 생애에 대한 복음서의 기사들을 읽을 때마다, 나는 항상 그리스도께서 만지시고 고쳐 주신 이들에게 집으로 가서 친구와 가족에게 말하라고 명령하시는 것에 깊은 감명을 받아 왔다. 그리스도께서 보시기에 그 만남을 자세하게 들려주는 일은 필수적인 일이었던 것이다.

그 이유는 무엇인가? 이러한 사건을 왜 아주 개인적이고 은밀하게 간직하면 안 되는 것일까? 아주 많은 사람이 종종 내게 이렇게 말하곤 한다. "어쨌든 내 신앙은 아주 개인적인 일이잖아요! 무엇을 믿을지 선택하는 건 내가 알아서 결정할 문제입니다!"

이 말은 어느 정도는 사실이다. 그러나 그 개인적인 일이 살아 계신 그리스도와의 개인적인 만남이라면, 그 만남은 삶과 성품과 행동에 지대한 영향을 미치기 때문에 오랫동안 침묵을 지키는 것은 힘든 일이다.

당신이 주님을 만났다는 것을 다른 사람들이 즉시 알게 될 것이다. 당신이 주님과 함께 있다는 것을 그들이 알게 될 것이다. 만일 그들이 진리에 굶주리고 갈급해 있는 상태라면, 그들은 당신에게 주님과 동행하는 삶에 대한 이야기를 들려달라고 할 것이다.

지난 30년 동안 사람들은 나에게 "어떻게 그리스도를 알게 되셨나요?", "하나님은 당신에게는 그렇게 실제적인 분인데 왜 저에게는 그렇지 않으시죠?"라고 아주 진지하게 질문을 해왔는데, 그럴 때마다 나는 몇 번이나 놀라곤 했다.

그러한 질문도 계속 들어왔고, 그에 따라 제멋대로이며 고집스러운 나를 향한 아버지의 놀라운 관심과 긍휼에 대한 이야기를 들려줄 기회도 계속 생겨났다. 나는 나를 용서해 주시고, 받아 주시며, 새롭게 해주시는 그리스도의 엄청난 관대하심과 놀라운 은혜를 다른 사람과 나누는 것을 부끄러워하지 않는다. 그것은 그리스도의 임재의 변화시키는 힘과 주님의 소중한 성령의 능력, 그리고 주님의 말씀의 막강함에 대한 감동적인 이야기다.

살아 계시는 하나님과의 이 생생한 만남들은 속일 수 없다. 그 만남들은 그리스도와 동행하는 위대한 순간들에 대한 놀라운 기억으로 남게 된다. 그리고 그러한 기억들은 경외심과 경이로움 가운데 다시 이야기된다. 그것은 하나님의 사랑과 신실하심, 그리고 하나님의 능력에 대한 기억들이다.

그러한 기억들은 하나님에 대해 사실대로 말하기 때문에 계속 남아 있고 지속되는 것이다.

어제저녁에 나는 한 친구와 함께 호숫가에서 잠시 산책을 했다. 몹시 덥고 습한 날이었기 때문에 물에서 불어오는 시원하고 신선한 바람이 더할 나위 없이 상쾌했다. 우리는 울퉁불퉁한 노송 아래 앉아 호숫가의 물결이 부드럽게 찰싹거리는 소리에 귀를 기울이고 있었다.

우리가 함께 앉아 느긋이 쉬는 동안 나는 또 다른 부드러운 바람에 전율과 상쾌함을 느꼈다. 지난 오랜 세월 동안 우리 각자를 돌보신 아버지의 놀라운 신실하심을 서로 이야기할 때, 하나님의 은혜로우신 성령의 바람이 우리 영혼을 감동시켰기 때문이다. 우리는 모든 상황에서 하나님이 얼마나 관대하게, 은혜롭게, 온유하게 우리의 필요를 채우시고 보호하셨는지에 대한 기억을 서로 나누었다.

친구는 33년 동안 캐나다의 최북단에서 항공 선교사로 사역했었다. 얼음과 눈, 눈보라, 혹독하며 길고 어두운 겨울이 있는 곳에서 그와 그의 가족은 물러서지 않고 그 험악한 국경 지역의 사람들을 섬겼다. 그것은 모두 그리스도께서 주시는 영혼의 힘과 심령의 평온함 때문에 가능한 일이었다.

우리는 마치 두 명의 소년처럼, 기분 좋은 농담을 주고받으며 웃고, 우리 아버지의 선하심에 대하여 순전한 즐거움과 엄청난 기쁨을 느끼면서 낄낄거리며 웃었다. 우리가 나눈 이야기들은 역경 가운데서 겪은 모험에 대한 자랑이나 허풍이 아니었다. 오히려 그것은 우리가 어떻게 삶의 모든 면에서 하나님을 신뢰할 수 있었으며, 어떻게 하나님을 전적으로 의지할 수 있었는지를 말하는 순수한 기쁨의 이야기였다.

넘치는 기쁨 가운데 웃음과 만족, 그리스도에 대한 믿음과 충성이 우리 사이에 흘러들어 왔다. 우리의 심령은 힘을 얻었고, 영혼은 강건해졌으며, 몸은 활력을 얻었다. 더욱이 나는 그 순간에 천사들이 노래를 불렀을 것이고, 우리 아버지께서는 기뻐하시며 웃으셨을 것이라고 확신한다.

내가 10대 소년이었을 때 북미에 온 이후로, 이곳의 그리스도인들이 그리스도에 대해 이야기하는 것이 얼마나 어려워 보이는지에 대해 직접 본 일은 기억에 강하게 남아 있다. 이들은 예배당이라는 격식을 갖춘 환경을 벗어나서는 그리스도의 이름을 언급하는 것조차도 당혹스러워하는 것 같았다.

자기가 사랑하는 아버지이신 하나님에 대해 기쁘게, 자발적으로, 친밀하게 이야기하는 경우는 드물었다. 마치 자기들이 하나님과 멀리서 인사 정도만 하는 사이인 양, 단순히 '주님' 또는 '선하신 주님', '위에 계신 분'이라고 모호하게 간접적으로 하나님을 지칭하는 경우가 훨씬 더 많았다.

나는 우리가 그리스도와 더불어 살고 주님이 우리와 더불어 사시는 삶의 기쁨과 감화, 그리고 그러한 삶을 향해 나아가는 모험에 대한 것으로 이야기의 방향을 바꾸려고 거듭 노력해 왔다.

내가 그렇게 하면 갑자기 이상한 침묵이 방에 흐르고, 사람들이 불편해한다. 생소하고 비현실적인 삶의 차원에 대해 논하고 있다는 것에 심한 당혹감을 보인다. 그들은 오히려 야구 경기나 마을에 가장 최근에 생긴

피자 가게, 마지막으로 갔던 하와이 여행, 다음번 선거에 대한 이야기를 하고 싶었을 것이다.

내가 그들에게서 받은 전반적인 인상은, 우리의 신앙을 어떻게든 매우 사적이고, 매우 개인적이고, 셔츠 주머니에 넣고 단추를 채워 간직해야 한다는 것이다. 그러나 이와 대조적으로 우리에게 주어진 말씀과 명령은 분명히 "여호와의 속량을 받은 자들은 이같이 말할지어다"(시 107:2) 하는 것이다. 그리고 이것은 단지 예배당에서, 약간 귀에 거슬리게 경건한 척 하는 식으로 말하는 것을 의미하지 않는다.

이제는 우리 역사 문명에서 하나님의 백성이 자기 아버지이신 하나님에 대해, 자기 친구이신 그리스도에 대해 누구에게나 기쁘게 말할 수 있을 정도로 충분히 담대하고, 용감하고, 관대해야만 할 때가 임했다.

만일 사람들이 아직 주님을 잘 알지 못한다면, 지금이야말로 주님을 알아야 할 때인 것이다. 그리스도를 위해 다른 사람에게 영향을 미치는 일에 있어, 그리스도를 진정으로 알고 사랑하는 사람의 진실하고 부끄러움이 없는 삶과 언어보다 더 강력한 것은 없다.

그것은 전염력이 있다! 그것은 진짜다! 그것은 우리 아버지께 영광을 돌리는 일이다!

하나님 말씀을 주의 깊게 읽으면, 성경 계시를 관통하는 두 가지 엄청난 사상을 발견하고 깜짝 놀라게 될 것이다. 이 두 가지 사상은 서로 평행을 이루고 흘러가면서 한편으로는 우리 영혼을 강건하게 해주고, 다른 한편으로는 하나님께 영광을 돌리는 동시에, 다른 사람들을 풍요롭게 하기 위해 우리의 기억을 어떻게 사용해야 하는가 하는 문제에 대해 우리에게 분명한 방향을 제시해 주고 있다.

첫 번째 강력한 원리는, 하나님과 사람 사이의 놀라운 관계를 실제로 이야기하고 기록하라는 것이다. 성경의 많은 부분은 인간이 지극히 높으신 하나님의 인격과 임재에 어떻게 응답했는지에 대한 상세한 기록이다. 성경에는 하나님이 어떻게 사람들의 삶에 기꺼이 들어가셔서 그들의 결정을 인도하시고, 필요를 채워 주시며, 역경에서 구원하셨는지를 있는 그대로 들려주는 이야기가 담겨 있다.

간단히 말해, 사실 하나님이 인간과 관계를 가져 오신 '역사'(history)는, 오류에 빠지기 쉽고 변덕스러운 우리 인간에게 하나님이 영원히 신실하시다는 것에 대한 '하나님 자신의 이야기'(His story)인 것이다. 주 하나님은 다음 세대에게 유익과 교훈이 되도록 이 일들을 기록하고 전해야 한다고 여러 번 명령하셨다. 이것은 하나님의 영광과 진실하심을 영원히 기억하게 하시려는 것이었다.

우리에게 여러 차례 주어진 두 번째 분명한 명령은, 우리가 이 사건들을 계속 이야기해야 한다는 것이다. 우리는 우리 아버지를 위해 그분의 놀라운 성품과 깊은 긍휼, 친밀한 돌보심, 사랑으로 우리의 필요를 채워 주심에 대해 다른 사람들에게 담대하게 이야기해야 한다.

그리스도를 매우 경멸하는 냉소적인 사회가 그리스도께서 실제로 어떤 분인지, 얼마나 소중한 분인지, 주님을 조용히 신뢰하며 따르는 사람들에게 주님이 얼마나 가까이 계시는지 어떻게 깨달을 수 있겠는가? 우리가 바로 그리스도의 선하심에 대한 기쁜 이야기를 들려주어야 할 사람들인 것이다.

이러한 일은 말을 통해서만 아니라, 글을 통해서도 이루어져야 한다. 우리의 하찮은 삶이 하나님과 갖는 생생하며 역동적인 관계를 은밀한 공간에서 종이에 기록하는 일은, 실제로 그리스도에 대한 우리의 믿음을 더 깊게 해준다. 그러나 이렇게 하는 일에 시간을 내는 사람이 얼마나 적은지 모른다.

우리가 자신에게 친절을 베푼 사람들에게 감사 편지를 보내는 것은 이상한 일이 아니지 않은가? 그런데도 우리는 우리 아버지께 그런 예의를 차리는 것을 우스꽝스러운 일이라거나, 심지어 유치한 일이라고 생각하는 것 같다.

우리는 아버지께서 우리에게 풍성하게 베풀어 주신 모든 아름다운 보너스를 기록하기를 거부하거나, 이 간단한 방법으로 그리스도에 대한 우리의 사랑을 나타내기를 거부할 정도로 완고하며 냉담해져 있지는 않은가?

만일 그렇다면 그것은 우리가 그런 혜택을 당연시한다는 것을 의미한다. 우리 주변의 모든 세상적인 사람들처럼 그런 혜택이 당연히 오는 것으로 여기고 있는 것이다. 그렇다면 우리의 태도는 세속적인 무관심과 다를 바 없는 것이다.

하나님의 관대하심에 대해 날마다 진정한 경의를 표현하기 위해 시간과 생각과 세심함을 기울이는 사람이 있다면, 그 사람은 강한 영혼을 가진 사람인 것이다. 그러한 사람은 그리스도와 끊임없이 친밀하게 교통한다는 사실을 발견할 수 있다. 이렇게 개인적이고 심오한 방식으로 지극히 높으신 하나님을 찬양하는 것에서 강인한 성품과 심령의 놀라운 평온함이 나온다.

내가 이 장에서 언급한 내용들은 동화처럼 비현실적인 내용이 아니다. 일부 은둔 생활을 하는 소수의 경건한 사람들이 실천하는 모호하고도 비현실적인 경건에 대해 말한 것도 아니다.

나는 하나님을 사랑하고 하나님께 깊이 헌신하며 충성하는 영혼이 행하는 일과를 이야기한 것이다. 남녀가 서로 사랑에 빠지면 어떤 일이 일어나는가? 다른 모든 일은 뒷전으로 밀려나게 된다. 두 사람은 함께 있기 위해 시간을 낸다. 서로 대화를 나누며 시간을 보낸다. 사랑의 편지와 쪽지를 쓰는 일에서 특별한 기쁨을 발견한다. 다른 사람들에게 사랑하는 사람에 대해 기쁜 마음으로 이야기하기도 한다.

우리가 사람에게 기꺼이 이 모든 일을 할 수 있다면, 분명히 우리는 우리가 사랑하는 분, 우리의 살아 계신 그리스도, 그리고 우리 아버지 하나님께도 그렇게 할 수 있다.

하나님과 함께하는 우리 삶에서 아주 많은 일이 그렇듯이, 어쩌면 이것은 너무나 간단하고, 너무나 일상적이고, 너무나 평범한 것일 수 있다. 그러기에 그것을 그냥 넘어가는 것일 수도 있다.

한번 해보라! 그리고 어떤 일이 일어나는지 지켜보라!

18

빚이 없으면
낙심할 것도 없다

자신의 빚을 탕감받는 것과 동료들의 빚을 용서해 준다는 것이 무엇을 의미하는지 알고자 한다면, 이 엄청난 일이 우리 자신의 삶 속에서 실제로 일어나야만 한다. 교리적으로 아는 것으로는 충분하지 않다. 실제로 그리스도께 나아가 인격적으로 그리스도를 만나고, 그분의 용서를 받는 것은 필수적이다.

제목을 보고 이 장의 주요 주제가 돈과 재정 문제라고 생각할지도 모르겠다. 그러나 우리의 수입으로 하나님을 공경해야 할 책임에 대해서 간략하게 언급한 부분을 제외하면 그렇지 않다.

그런데 하나님과 인간과의 개인적인 관계에서, 우리가 지고 있는 빚을 갚아야 하는 훨씬 더 넓은 영역이 있다. 이러한 빚은 여기서 다루려고 하는 방식으로 거의 언급되지는 않는다. 왜냐하면 대부분의 사람들은 빚이 우리에게 어떤 영향을 미치는지 이해하지 못하고 있기 때문이다.

그 어떠한 빚이든 간에 빚은 실제로 삶에 지장을 준다. 빚은 다른 사람에게 신세를 지는 것이다. 빚은 갚아질 때까지 우리에게 압력을 가한다. 갚아야 할 의무가 되어 우리를 압박한다.

빚은 절망과 좌절로 이어질 수도 있다. 우리의 나날을 지배하고, 우리의 결정을 좌우하며, 적절하게 대처하지 않으면 파멸로 이어질 수도 있다. 재정적인 용어로는 이것을 '파산'이라고 부른다. 이와 마찬가지로 도덕적, 영적 파산도 있을 수 있다.

우리는 우리 자신의 결정에 의해 빚을 지게 된다. 어느 순간에, 보통은 강압에 못 이겨서 나중에 반드시 이행해야 할 의무를 떠안게 된다. 그리고 상환을 미루거나 이행하지 않을 경우, 빚의 늪에 점점 더 깊이 빠져들어 가게 된다. 결과적으로 더 깊은 고통이 찾아오게 된다.

우리에게 자비와 긍휼을 베푸셔서, 하나님의 성령께서는 우리에게 빚을 지지 말라고 분명히 가르치시고 있다. 하나님은 이렇게 말씀하신다.

"피차 사랑의 빚 외에는 아무에게든지 아무 빚도 지지 말라 남을 사랑하는 자는 율법을 다 이루었느니라"(롬 13:8).

이 말씀은 영혼의 힘과 심령의 평온함을 위한 하나님의 법이며 영적인 원리다. 또한 만족의 비결이며 행복에 이르는 길이다.

재정적인 빚에 대해서는 다른 책들, 특히 『하나님은 나의 기쁨』(God is My Delight)에서 확실하게 다루었기 때문에 여기서는 그 분야를 다시 다루지 않겠다. 그러나 나에게는 채무 부담을 계속 지고 산다면 가까운 미래에 재정적인 파산으로 이르게 될 수 있다는 것을 독자에게 경고해 주어야 할 엄중한 책임이 있다.

너무 많은 빚으로 인한 세계적인 경제 문제들은 사람들과 국가들이 높이 평가해 온 금융 기관들을 다 무너뜨릴 수도 있다. 전에도 그런 일이 있었다. 그러한 일이 다시 일어날 수도 있는 것이다!

하나님의 사람은 빚에서 자유로워야 한다. 부담스러운 재정적인 의무가 없는 사람에게는 엄청난 심령의 활력과 마음의 안정감이 있다. 십일조와 예물을 후하게 드림으로 우리 아버지를 공경할 수 있는 사람들은 강인한 영혼을 가진 사람들이다. 이러한 사람들은 사회의 가난하고 불우한 사람들, 죽어 가는 사람들에게 다가가 그들을 도와줄 수 있을 정도로 강하고 견고하다.

나는 지금 거만한 온정주의에 대해 말하고 있는 것이 아니다. 감동적인 자선 활동에 대해 말하는 것도 아니다. 내가 염두에 두고 있는 것은, 어려움에 처한 다른 사람들을 돌아보는 단순하고 겸손한 연민의 마음이다. 이것은 살기 위해 몸부림치는 사람들과 흔쾌히 나누는 따스한 마음과 너그러운 손을 갖는 것을 말하는 것이다. 우리는 다 그렇게 할 수 있다. 그렇게 되면 세상은 더 나은 곳이 될 것이다.

이제 나는 돈과 관련된 빚만큼이나 치명적이고 힘겨운 다른 빚들을 다루려고 한다. 이 빚들은 우리 자신에게는 물론, 우리와 하나님 사이, 우리와 다른 사람들 사이의 삶에서 대단히 중요한 문제다.

우리가 사용하는 일상적인 표현을 예로 들면서 내가 말하려고 하는 것이 무엇인지 설명해 보겠다.

"나는 그에게 사과해야 해!"

"우리는 그들을 방문해야 해."

"나는 그녀에게 편지를 써야 해."

"나는 하나님께 더 많은 시간을 드려야 해."

"나는 친구에게 빚진 게 너무 많아."

이러한 것들은 모두 갚지 못한 빚들이다. 이러한 것들은 절망과 권태를 가져온다. 그리스도이신 예수님도 이 빚들에 대해 잘 알고 계셨다. 그렇기 때문에 이 빚에 대한 문제는 주님이 우리에게 주신 위대한 기도에서 중요한 부분이다.

"우리가 우리에게 죄지은 자를 사하여 준 것같이 우리 죄를 사하여 주시옵고"(마 6:12).

필립스(J. B. Phillips) 박사는 이 구절을 이처럼 훌륭하게 번역했다.

"우리가 우리에게 그 무엇이라도 빚진 사람들을 탕감해 주었듯이 (오, 우리 아버지 하나님이시여) 우리가 주님께 진 빚을 탕감하여 주옵소서!"

그리스도께서는 즉시 이렇게 강조하심으로 이 빚 문제에 대해 자세히 설명하셨다.

"너희가 사람의 잘못을 용서하면 너희 하늘 아버지께서도 너희 잘못을 용서하시려니와 너희가 사람의 잘못을 용서하지 아니하면 너희 아버지께서도 너희 잘못(빚)을 용서하지 아니하시리라"(마 6:14-15).

따라서 빚은 삶의 평온에 대한 문제에 있어서 엄청나게 중요하다. 날마다 빚을 어떻게 해결하며, 어떻게 다루는가 하는 것이 우리가 소유한 영혼의 건강과 심령의 기쁨을 결정하는 큰 요인이다.

나는 삶의 복잡한 것들을 단순하고 솔직하게 다루려고 노력하는 아주 실용적인 사람이기에, 여기서 몇 가지 진지한 제안을 하겠다.

만일 당신이 누군가에게 사과를 해야 한다면, 즉시 가서 진실하게 사과하라. 만일 당신이 누군가를 방문해야 한다면, 모든 일정을 제쳐두고 선한 마음으로 그를 방문하라. 만일 당신이 편지를 써야 한다면, TV를 끄고 펜을 들어 소망과 격려를 담은 편지를 쓰라. 그러면 기분이 나아질 것이다.

만일 당신이 과로로 지쳐 있어서 쉼이 필요하다면, 모든 것을 내려놓고 휴식을 취하라. 설령 탁 트인 전원에서 즐겁고 가벼운 마음으로 산책을 할 여유가 없을지라도, 일단 사방이 벽으로 둘러싸여 있는 공간을 벗어나라. 나는 기쁜 마음으로 자주 그렇게 한다.

만일 당신이 당신 자신은 물론 하나님을 위해서 하나님께 더 많은 시간과 관심을 드려야 한다면, 30분 일찍 일어나서 하루 중 가장 좋은 시간(새벽)을 하나님께 드리라. 만일 당신이 친구에게 도움과 사랑에 대해 깊은 감사를 표현해야 한다면, 미루지 말고 감사하다고 말하라.

그들에게 자주 말하라. 쑥스러워하지 말고 말하라. 그들의 인생을 풍요롭게 해주라.

진정한 기독교의 90퍼센트는 우리의 의지에 달려 있다.

그리스도의 임재와 능력을 힘입어 우리가 우리 빚을 해결하고 주님의 뜻을 행하기로 의지를 확고히 하든지, 아니면 죽어 가는 물고기처럼 절망의 강물에 떠내려가든지 둘 중 하나다. 우리가 우리 아버지의 은혜를 힘입어 그분의 뜻을 행하겠다고 결심하는 불굴의 사람이 되든지, 아니면 빈둥거리면서 하나님이나 사람을 위해 아무것도 하지 않으려 하는, 한심하고 나약하며 일을 미루는 사람이 되든지 둘 중 하나다. 후자일 경우 우리의 영혼은 어둠과 낙심에 둘러싸여 빚의 늪에 점점 더 깊이 빠지게 될 것이다.

그리스도께서 당신의 삶을 다스리시게 하라. 그리스도께서 당신 안에 사시고 움직이시면서 주님의 뜻을 행하시게 하라. 당신이 주님의 선하신 뜻을 위해 소원을 두고 행하는 것은 가능한 일이다. 그렇게 되면 당신의 모든 상황은 잘 해결될 것이다. 그러면 당신의 삶은 고통의 삶이 아니라 승리하는 삶이 될 것이다.

내가 말하고자 하는 것은, 우리는 하나님과 사람들과의 거래를 단기간에 마무리해야 한다는 것이다. 우리가 진 빚을 갚아야만 한다. 종종 그 빚들은 우리가 생각하고 인식하는 것보다 훨씬 더 엄청나다.

다음은 내가 모르는 어떤 사람이 쓴 편지글로, 그리스도의 시각에서 우리의 상태를 인상적이고도 가슴 뭉클하게 표현하고 있다.

사랑하는 친구에게

내가 너를 얼마나 사랑하고 아끼는지 말해 주기 위해 편지를 보낼 수밖에 없구나. 어제 친구들과 함께 걷고 있는 너를 보았어. 나는 온종일 네가 나에게 말을 걸어 주기를 바라면서 기다렸단다. 저녁이 다가올 때 나는 너의 하루를 마무리하도록 해를 지게 해주었고, 네가 쉴 수 있도록 시원한 바람을 주었어. 그리고 기다렸단다. 하지만 너는 오지 않았지. 마음이 아팠지만 나는 너의 친구이기에 여전히 너를 사랑한단다.

지난밤에 잠들어 있는 너를 보면서 네 이마를 어루만지고 싶었어. 그래서 네 베개와 얼굴에 달빛을 흘려보냈지. 서둘러 내려가서 함께 이야기를 나누기를 바라는 마음으로 다시 기다렸어. 나는 너에게 줄 선물이 정말 많이 있단다. 하지만 너는 다음날 늦게 일어나서 서둘러 일하러 갔지. 내 눈물이 비가 되어 흘렀어.

오늘 너는 아주 슬프고 외로워 보였어. 나도 이해가 가기에 마음이 아팠단다. 내 친구들도 아주 많이 나를 실망시키고 상처를 주었거든. 하지만 나는 너를 사랑해. 오, 네가 내 말에 귀를 기울여 주기만을 바란다. 나는 정말 너를 사랑해. 나는 푸르른 하늘에서, 초록빛 풀밭에서 너에게 이야기한단다. 나는 나뭇잎 사이에서 속삭이며, 다채로운 꽃들 속에서 나직이 말한단다. 산에 흐르는 시냇물에서 너에게 소리치고, 새들이 너를 위해 사랑의 노래를 부르게 한단다. 따스한 햇살로 너에게 옷 입히고, 자연의 향기로 공기를 향긋하게 만들어 준단다. 너에 대한 내 사랑은 바다보다 깊고, 네 마음의 가장 큰 바람이나 필요보다 더 크단다.

내가 얼마나 너를 도와주고 싶어 하는지 네가 알면 얼마나 좋을까. 나는 네가 우리 아버지를 만났으면 좋겠어. 아버지도 너를 돕고 싶어 하셔. 너도 알다시피 우리 아버지께서는 그런 분이야. 그냥 나를 부르고, 나에게 부탁하고, 나에게 말해 줘. 너와 나눌 이야기가 아주 많이 있단다.

하지만 너를 귀찮게 하지는 않을 거야. 나는 기다릴 거야.

너를 사랑하니까.

너의 친구 예수 그리스도로부터

이 극적인 짧은 편지가 분명히 보여 주듯이 우리는 매일 그리스도와의 관계에서, 그리고 다른 사람들과의 관계에서 빚을 진다. 독자가 더 잘 이해할 수 있도록 우리에게 가장 많은 해를 입히고 있다고 생각되는 몇 가지를 열거해 보겠다.

- 서로에게 당연히 지켜야 할 예의의 빚.
- 말하고도 전혀 지키지 않은 약속의 빚.
- 역경에 처해 있는 사람들에게 건네지 않은 격려의 빚.
- 고통당하는 사람들에게 무감각한 빚.

외로움 가운데서 서로를 소홀히 한 빚.

남을 전혀 배려하지 않은 빚.

찬사를 보내야 할 때 침묵한 빚.

하나님 아버지의 자녀라고 주장하는 우리가 이렇게 행동한다면, 온전히 하나님께 속해 있다고 말할 수 없다. 그것은 명확한 모순이다. 그리스도인들에게 아주 심한 모욕을 초래하는 일이다. 이 문제는 진지하게 교정할 필요가 있다.

그런데 우리의 성품과 행동에 이러한 교정이 이루어지게 하실 수 있는 유일한 분은 그리스도이시다. 그리스도께서는 그분의 인격과 능력으로, 그분의 순전하심으로 철저하고 내적인 재창조를 행하셔서 우리를 변화시키실 수 있다. 새로운 태도, 더 나은 경건한 행위를 바라는 사람은 누구든지 그 영혼과 심령에서 그리스도의 생명이 살아 움직이고 표출될 기회를 그리스도께 드려야만 한다.

인생의 어려움과 곤란한 문제들을 견뎌 낼 힘과 확고함과 능력이 있는 영혼은 하나님이 내주하시는 영혼이다. 내가 이렇게 말하는 이유는 무엇이겠는가?

그러한 사람만이 다른 사람들의 잘못을 용서해 줄 수 있는 사람, 실수를 눈감아 줄 수 있는 사람, 삶의 역경을 기꺼이 받아들일 수 있는 사람, 우리를 실망시키고 우리에게 진 빚을 갚지 않는 사람을 용서할 수 있는 사람이기 때문이다.

이것은 우리 모두에게 매우 어려운 일이지만 우리 자신을 용서해 주기를 구하고 다른 사람들에게 용서를 베푸는 것, 이것이 바로 그리스도께서 다루신 빚에 관한 문제다. 만일 우리가 다른 사람들을 용서하지 않는다면, 우리는 아버지께서 우리에게 베푸신 은혜로우신 용서에 대해 아무것도 모르고 있다는 사실이 분명한 것이다.

이 문제에 있어 가능한 한 도움이 되도록, 우리를 영원히 변화시킬 수 있는 그리스도의 삶의 세 가지 측면을 간략하게 언급하려 한다. 이 세 가지 측면은 우리 성품을 실제로 변화시키고 우리 행동을 제어하여, 우리의 빚 문제에 있어 그리스도를 닮게 해주는 그리스도의 성품들이다.

첫째로, 그리스도의 놀라운 겸손이다. 이 겸손은 그리스도의 숭고한 자기희생에서 아주 분명하고 강력하게 나타난다. 그리스도께서는 높은 자리에 오만하게 앉아서, 자기에게 저지르는 모든 죄에 대해 화를 내시는 분이 아니다. 그리스도께서는 우리의 잘못된 행동과 사악한 태도에 대해 우리에게 죄를 갚으라고 요구하시는 분이 아니다.

오히려 그리스도께서는 실제로 우리의 부당한 행위를 그분 자신의 것으로 받아들이신다. 복수심으로 우리를 채찍질하지 않으시고, 불쌍히 여기는 마음으로 우리를 사랑하신다. 그리스도께서는 우리를 암울한 빚에서 구원하기를 간절히 바라신다.

당신을 이렇게 대하시는 그리스도의 관대하심을 엿볼 수 있을 때, 비로소 다른 사람들에 대한 당신의 냉정한 태도가 바뀌게 될 것이다. 당신은 자신이 절망에 빠져 죽는 날까지, 고통스럽더라도 다른 사람의 빚을 자신이 감당하려 할 것이다. 오직 그리스도의 은혜만이 다른 사람들이 당신에게 진 빚을 탕감해 줄 수 있게 한다.

둘째로, 그리스도께서 우리를 전적으로 이해하시기에 우리를 온전히 용서하신다는 것을 (영적으로) 알고 완전히 이해하는 것이 절대적으로 필요하다. 그리스도만이 우리의 복잡한 성품과 이상한 행동들을 모두 설명하실 수 있다. 그리스도께서는 우리의 실패와 변덕스러운 성격, 우리의 악한 방식을 보시고 눈물을 흘리신다. 악한 이기심에 이끌려 절망에 빠져 죽어 가는 우리를 열심히 돌보신다.

항상, 언제나 우리를 불쌍히 여기셔서 부르짖으신다. "아버지여, 저들을 용서하여 주옵소서. 저들이 어리석음과 허망함에 빠져 자신들이 하는 일을 알지 못함이니이다!"

우리 안에 있는 그리스도의 생명만이 우리가 다른 사람들을 이러한 눈으로 바라볼 수 있게 해준다.

셋째로, 우리가 자신의 빚을 탕감받는 것과 동료들의 빚을 용서해 준다는 것이 무엇을 의미하는지 알고자 한다면, 이 엄청난 일이 우리 자신의 개인적인 삶 속에서 실제로 일어나야만 한다. 거기에 대해 교리적인 믿음으로만 아는 것으로는 충분하지 않다. 실제로 그리스도께 나아가 인격적으로 그리스도를 만나고, 그분의 용서를 받는 것은 필수적인 일이다.

이것이 바로 그리스도를 나의 구주와 친구로 아는 것이다.

이러한 일이 가능한 이유는 주님이 항상 나에게 "아들아, 너의 죄가 사함을 받았느니라."라는 간단한 확신의 말씀을 해주시기 때문이다. 이것은 우리 대부분이 정말 믿기 힘들 정도로 아주 기쁜 소식이다. 그 이유는 무엇인가? 우리가 알고 있는 다른 모든 사람은 언제나 우리에게 빚을 전부 갚으라고 요구하기 때문이다.

의지를 발휘하여 어린아이 같은 믿음으로 주님을 믿으면 주님의 용서를 받을 수 있다. 그렇게 하면 내 삶을 괴롭혀 온 모든 타락한 과거에서 즉시 해방될 수 있다. 죄와 이기심에서 자유를 얻을 수 있다. 그리스도께서 내 성품을 재창조하시고, 내 행위를 다스리시는 완전히 새로운 삶을 시작할 수 있게 된다. 그리스도께서 내 세계의 중심이 되신다.

결과적으로 주님과 내가 친밀한 관계가 되면, 주님이 나를 용서하시듯이 나도 다른 사람들을 용서할 수 있는 힘을 갖게 된다. 이로써 나도 빚이 없고, 다른 사람도 내게 빚이 없게 되는 것이다. 이것이 바로 자유다! 만족을 누리며 그리스도를 따를 자유를 얻는 것이다.

살아 계신 그리스도와의 이 기쁜 관계를 매일 새롭게 경험하는 사람은 누구든지 참으로 그리스도를 알고 사랑하며 즐거워한다. 어둠이 빛이 되고, 죽음이 생명이 되며, 절망이 사랑이 된다. 이것은 내 영혼의 비밀스러운 힘이시며 내 심령의 빛나는 기쁨이신 그리스도께서 내 안에 사시는 완전히 새로운 삶이다. 주님을 영원히 송축하라!

당신의 지친 발걸음이 당신을 기다리시는 우리 구주께 향하게 하라. 주님은 당신이 그저 주님의 임재 가운데 잠잠히 있기를 바라신다. 주님과의 교제에서 안식과 새롭게 됨과 회복을 찾으라. 주님의 성령의 고요한 이슬이 당신의 영혼에 부드럽게 내려앉게 하라.
그러면 당신은 활기차고 담대한 영혼이 되고, 회복의 강물이 당신에게서 주변 사람들에게로 흘러가게 될 것이다. 당신은 절망으로 무너진 세상에 대한 축복이 될 것이다. 왜냐하면 당신의 영혼의 힘과 심령의 평안함은 사실 그리스도께서 당신 안에, 당신이 그리스도 안에 있는 것이기 때문이다. 이것이 바로 생명에 대한 가장 최고의 비밀이다.

어려움을 이기고
참된 행복과
평안에 이르는 길

19
살아 계시는 그리스도와
날마다 교제하라

오랜 세월 동안 사람들은 영혼의 평온과 안식을 찾지 못했다. 사람은 하나님과 교제할 수 있는 놀라운 능력을 가진 존재로 창조되었기 때문이다. 또한 그리스도 외에는 누구도 이 영혼의 갈급함을 온전히 만족시킬 수 없기 때문이다. 그분 외의 다른 모든 것은 환상일 뿐만 아니라 끔찍한 망상이기도 하다.

세월이 흘러감에 따라 한 가지 핵심적인 개념이 다른 모든 개념보다 훨씬 중요하게 여겨지고 있다. 그것은 주 예수 그리스도께서 한 인간으로서 우리 가운데 계실 때 간단하게 하셨던 말씀에 잘 드러나 있다. 그것은 "나를 따르라."라는 말씀이다.

여러 세기에 걸쳐 주님과 우리 사이의 친밀한 관계를 묘사하는 여러 가지 표현들이 만들어져 왔다. 그중 몇 가지 표현들은 이와 같다.

그리스도의 임재 연습.

하나님의 아들과의 교제.

하나님과의 동행.

그리스도 안에 거함.

그리스도께서 내 안에, 내가 그리스도 안에.

내면으로의 여행.

이 같은 목록들을 계속 열거할 수도 있다. 어떤 사람들은 그리스도와 친밀히 교제하는 이 놀라운 내적인 삶에 이렇게 다양한 이름들이 붙여지고 있는 것에 약간 당혹스러워하기도 한다. 따라서 나는 그것을 좀 더 쉽게 '그리스도와의 교제를 유지하기'라고 표현한다. 이 삶에는 우리의 영혼을 강하게 하고 심령에 활력을 불어넣는 놀라운 일을 행할 수 있는 일곱 가지 측면이 있다.

주님은 이곳에 계신다

그리스도는 인간의 상상력이 만들어 낸 추상적인 개념이 아니시다. 광신자들이 푹 빠져 있는 꾸며 낸 인물도 아니시다. 그리스도는 극한 상황에 처한 사람들이 도움을 호소할 때 멀리 있는 신도 아니시다.

그리스도께서는 바로 하나님이다. 살아 계시며, 활동하시는 하나님이다. 사람들과 나라들이 그분을 알든 모르든 간에 그들의 모든 일에 역사하시는 하나님이다. 그리스도께서는 우리가 알 수 있는 분이다! 직접 쉽게 다가갈 수 있는 분이다! 우리가 사랑할 수 있는 분이다! 우리의 가장 소중한 친구가 될 수 있는 분이다! 조용한 확신을 품고 신뢰할 수 있는 분인 것이다!

그리스도께서는 우리를 돌보시고, 우리를 자신에게로 부르신다. 우리를 선택하시며 불쌍히 여기신다. 우리 삶을 공유하기를 간절히 원하신다. 그리스도께서는 진지한 심령으로, 궁극적인 진리를 찾으며 그분과의 깊은 교제를 하고자 하는 사람 누구에게나 기꺼이 자신을 주신다. 그분의 다른 이름은 '임마누엘', 즉 '하나님이 우리와 함께 계신다.'라는 의미의 이름이다. 그분은 이곳에 계신다!

그리스도께서는 단지 우주를 지배하는 초자연적인 규모의 강력한 원리가 아니시다. 그리스도께서는 고난받는 구주이시고, 은혜로우신 하나님이며, 모든 시대의 지존하신 주권자이시다. 그분을 아는 것이 영원한 생명이다. 그것은 그리스도를 알 때 우리가 그분의 영원한 존재와 활력을 받아 누리기 때문이다.

그리스도께서는 "지금 여기로, 내게로 오라."라고 너그럽게 초대하신다.

주님은 기운 내라고 우리를 격려하신다

이 일은 그리스도와의 교제를 통해 우리 같은 보통 사람들에게 실제적이고 가능한 것이 된다. 세상은 점점 더 복잡해지고 뒤얽혀 가고 있다. 인간의 사악함이 우리 주변에 만연해 있다. 스트레스와 긴장, 불안, 혼란이 우리 시대의 기본 요소가 되었고, 우리 서구의 생활 방식이 되었다.

그러나 그리스도께서 혼란과 불안 가운데 있는 우리에게 오셔서 조용히 말씀하고 계신다. "기운을 내라. 강하고 담대하라. 두려워하지 말며 놀라지 말라."

그 이유는 무엇인가? 어떻게 그렇게 하시는가? 언제 그렇게 하시는가? 지금 그리고 언제나 그렇게 하신다. 그것은 단지 주님이 이곳에 계시기 때문이다.

주님은 우리를 실망시키지 않으신다. 우리를 버리지 않으신다. 주님은 전적으로 신실하신 분이다. 우리의 모든 문제를 극복하실 수 있고, 그렇게 하신다. 우리가 조용히 신뢰하며 주님께 그 문제들을 가져가고, 그 문제들을 해결하실 주님의 때를 기다리기만 하면 말이다.

이것은 자기기만에 빠지는 것이 아니다.
자기 최면 같은 것도 아니다.
거짓된 심령술도 아니다.

이것은 보통 사람들이 살아 계시는 그리스도와 날마다 교제를 유지하는 것이다.

이 강렬하고 사적인 관계는 우리 인류 역사의 여러 세기에 걸쳐 수많은 사람이 직접 체험해 온 것이다. 인생길을 걸어가면서 주님과 동행하며 대화를 나누었던 사람들은 경외와 놀라움, 깊은 감사를 담아 그것에 대하여 이야기해 왔다.

주님을 가장 잘 알게 되는 사람들은 예외 없이 매우 유쾌하고, 차분하고, 조용한 용기를 가진 사람들이다.

주님은 그분 안에서 안식하도록 우리를 초대하신다

우리의 안식 없는 영혼을 위해 안식을 찾는 것은 인류의 영원한 탐구 대상이 되어 오고 있다. 인간 영혼의 이 영원한 아픔을 만족시키기 위해 사람들은 이런저런 방식으로 자신들의 관심을 자극하는 수많은 거짓된 유혹을 헛되이 추구해 왔다.

그들의 영혼이 추구하는 부와 명성, 명예, 스포츠, 모험, 성공, 돈, 감각적 쾌락 또는 인간의 다른 노력 등은 중요하지 않다. 이 모든 것은 다 먼지요, 절망으로 변하기 마련이다. 마치 이 모든 것을 시도해 본 솔로몬이 허무하여 "헛되고, 헛되니, 모든 것이 헛되도다!"라고 외쳤던 것과 같다.

오랜 세월 동안 사람들은 영혼의 평온과 안식, 만족을 찾지 못했다. 그 이유는 무엇인가? 사람은 하나님과 교제할 수 있는 놀라운 능력을 가진 존재로 창조되었기 때문이다. 또한 그리스도 외에는 누구도 이 영혼의 갈급함을 온전히 만족시킬 수 없기 때문이다. 그분 외의 다른 모든 것은 환상일 뿐만 아니라 끔찍한 망상이기도 하다.

그렇기 때문에 사람들은 순전히 인간이 계획한 어떤 분야에서 성공을 얻기 위해 평생을 바치다가 결국 절망과 망상에 빠질 수 있다. 그리스도께서는 이렇게 간단히 질문하고 계신다. "사람이 만일 온 천하를 얻고도 자기 목숨(영혼)을 잃으면 무엇이 유익하리요"(마 8:36).

모든 것, 모든 성취는 결국 죽음과 함께 버려지게 되어 있다. 그리스도 안에 있는 영원한 가치와 진리만이 영원히 남게 된다. 그러므로 그리스도 안에서 삶의 목적을 찾는 사람은 내면의 탐구에 대한 영원한 만병통치약을 그리스도 안에서 발견한 것이다. 이것은 내면의 평화와 영혼의 힘, 심령의 평온함, 완전한 안식이 있는 장소에 이르는 것이다.

그리스도의 임재가 우리에게 평화와 안정과 힘을 준다. 그리스도께서는 우리의 두려움을 몰아내신다. 그분은 가까이 계신다. 그러기에 모든 것이 잘되어 간다.

우리가 주님과, 주님이 우리와 갖는 조용한 교제가 주님에 대한 우리의 평온한 확신의 근원이다. 주님은 우리의 영혼을 쉴 수 있게 해주신다. 주님이 주시는 깊은 평안은 세상이 주는 그 어떤 것과도 비교할 수 없다.

주님은 우리에게 주님을 믿으라고 권면하신다

한편 그리스도께서는 우리에게 삶의 모든 것에 대해 그분 자신을 전적으로 신뢰하라고 조용히 말씀하신다. 주님은 우리가 주님의 견고하심에 대해 확신을 가지고, 우리가 어떤 위기에서도 믿음직한 하나님의 백성이 되기를 기대하신다. 주님은 우리가 영혼이 강한 사람, 심령이 평온한 사람이 되기를 바라신다.

단순하며 어린아이 같고 담대한 믿음으로 주님을 신뢰하는 법을 배우게 되면, 우리는 어떤 일이 닥쳐도 침착하게 대처할 수 있다. 믿음은 삶의 두려움을 몰아내기 때문이다. 하나님에 대한 신뢰가 공포를 차단하기 때문이다. 그리고 우리는 실제로 하나님이 그분을 의지하는 자에게 주시는 평온과 안식을 체험하게 된다. 우리가 어떤 상황에 직면하든지, 모든 상황에서 이 같은 경험을 할 수 있다.

그리스도와의 교제를 유지하는 것이 위대한 모험이 되려면 모든 것, 모든 사건, 모든 사람이 다 주님의 종이라는 것도 분명히 알아야 한다. 하나님은 오직 선한 뜻으로 그러한 것들이 내 삶에 영향을 끼치도록 하신다. 그것들은 모두 나의 궁극적인 유익과 하나님의 큰 영광을 위한 것이다.

주님과의 교제에 대한 이 멋진 시각은 당신의 관점 전체를 완전하게 영원히 변화시킬 수 있다. 아무리 평범한 일일지라도, 당신이 하는 매일의 삶 가운데 평온하면서도 활기를 주는 주님의 임재에 대한 인식이 깃들게 될 것이다. 그러면 당신은 모든 것이 잘되어 가고 있다는 것을 알게 될 것이다.

만일 당신이 그리스도와 동행하면서 조용히 주님께 순종하고 주님의 뜻을 따른다면, 주님이 앞으로 하시는 일에 대해 형언할 수 없을 정도로 놀라게 될 것이다. 단순한 믿음으로 행하라. 그러면 주님과 함께하는 당신의 삶 전체가 열정으로 타오르게 될 것이다.

주님과 함께 당신의 세상으로 나아가라

나는 주님을 만나러 교회에 가라고 말하지 않았다. 오히려 주님의 인도하심을 받아 주님을 모르는 지역 사회에, 당신의 이웃 속에, 사업 가운데, 사회적 인맥에, 지인들의 모임에 들어가도록 하라. 담대하게 주님에 대해 말하라. 다른 사람들을 주님께 소개하라. 부드럽지만 확실하게 당신을 인도하시는 주님의 성령에 대해 아주 민감하도록 하라. 주님을 당신의 영원한 동반자로 공개적으로 인정하는 용기를 가지라.

거슬리는 태도를 보이거나 교만한 태도를 가질 필요는 없다. 그저 차분하게, 깊은 확신과 은혜로운 기지로 당신이 주님을 얼마나 신뢰하는지, 그리고 주님이 당신을 얼마나 끊임없이 돌보시는지를 다른 사람들이 알게 하라.

그리스도의 임재가 우리의 추악한 사회에 영향을 미치고 변화를 가져오려면, 하나님을 친밀히 알고 하나님과의 교제를 즐거워하는 하나님의 백성을 통하는 것 외에는 방법이 없다. 공들여 이룬 교회, 인기를 얻으려는 유명한 설교자, 이름난 프로그램, 인간 기술의 사치스러운 과시로는 잃어버린 사람들에게 그들이 그리스도를 깊이 필요로 한다는 것을 전혀 납득시킬 수 없을 것이다.

그러나 주님과 교제를 유지하는 강한 영혼에 의해 존경과 신뢰 속에서 주님이 높임을 받으실 때, 주님은 다른 사람들을 그분 자신에게로 이끄실 것이다.

사실 세상은 온갖 스트레스와 긴장 가운데서 평온과 안정을 구하며 갈망하고 있다. 그리스도께서는 그들에게 영혼의 평안을 어디에서 찾을 수 있는지 보여 주시기 위해 당신을 사용하실 수 있다. 당신이 주님이 매일 그렇게 하시도록 허락해 드린다면 말이다.

주님을 따라 이 타락하고 흉악한 사회로 나아가라는 주님의 초대를 거부하지 말라. 기쁜 마음으로 확신을 품고 나아가라. 주님은 당신과 함께 하시기 때문이다.

그리스도의 풍성한 생명을 직접 발견하라

실제로 그리스도와의 교제를 유지하는 사람은 삶에 그 교제에 대한 간절한 열망이 있다는 것을 절실히 알게 될 것이다. 일상의 사건들이 평범한 것에서 나아가 기대와 설렘으로 다가오게 될 것이다.

이틀 전 새벽 경건의 시간을 마친 후, 나는 몇 달 동안 만나지 못했던 노인 한 분을 방문하기 위해 12마일(약 19킬로미터) 정도 떨어져 있는 곳에 가봐야 한다는 강한 내적인 충동을 느꼈다.

내가 그의 문 앞에 차를 세우자 그가 긴 의자를 들고 정원으로 나왔다. 그는 극도로 쇠약해진 상태였고, 그저 햇볕을 쬐며 아픈 몸을 쭉 뻗은 채 드러누워 있고 싶어 했다.

우리는 그의 병에 대해, 가족에 대해, 그리고 그의 삶에 온 명백한 허무함과 공허함에 대해 잠시 이야기를 나누었다. 그가 슬픈 눈빛을 보이며 쓸쓸한 목소리로 무뚝뚝하게 물었다. "필립, 당신의 삶도 후회로 가득 차 있나요?"

그의 그러한 질문은 마치 절망감에 짓눌려 있던 자신의 영혼의 문을 활짝 열어 준 것처럼 보였다.

기쁨에 넘쳐서, 나는 고집스럽게 제멋대로 산 나의 모든 삶을 그리스도께서 용서해 주신 기쁜 일을 그에게 들려주었다. 나는 그리스도께서 긍휼하심과 너그러움을 베푸셔서 나에게 그분의 활력과 열정으로 채워 주신 것에 대해서도 설명했다. "그래요, 그래요!" 나는 외쳤다. "주님의 손길이 나의 실패투성이 과거를 변화시켜 주셨어요. 나는 주님을 만났고, 주님이 나를 온전하게 해주셨어요. 나의 삶은 주님과 동행하는 감동적인 모험과도 같답니다."

노인이 조심스레 몸을 돌려 내 얼굴을 똑바로 쳐다보았다. "오늘 당신이 여기 와서 이 진리를 내게 들려주어 얼마나 힘이 나는지 모릅니다." 나는 그의 어깨 위에 손을 얹고 이렇게 속삭였다. "주님은 당신에게도 주님의 놀라운 삶을 주실 수 있습니다. 그저 간구하기만 하세요!"

처음으로 그의 얼굴에는 새롭고 매력적인 빛이 감돌았다. 나는 지독한 더위에도 불구하고 그곳에 찾아간 것이 기뻤다. 나의 방문은 힘을 구하는 다른 영혼에게 풍성한 생명의 시작이 되었던 것이다.

우리 대부분에게 있어 근본적인 문제는 이것이다. "하나님의 은혜로우신 성령께서 내게 그리스도를 대신하여 가라고 하실 때 즉시 순종하여 갈 것인가, 아니면 그렇게 하지 않을 것인가?" 가는 것이 곧 아는 것이다!

그리스도의 명령에 따르라

서구 세계의 교회에 만연해 있는 서서히 진행되는 마비 현상이 있다. 그리스도의 명령을 따르는 것은 너무 어렵고, 너무 까다로우며, 너무 제약이 많다는 생각이 바로 그것이다.

이러한 견해는 우리의 연약하고 정욕적이며 이기적인 문화에서 교회 안으로까지 기어들어 왔다. 그리스도인들은 편하고 손쉬우며 희생이 요구되지 않는 것만 행하라는 요청을 받는다. 그리스도를 따르는 일은 그저 재미와 놀이, 행복한 교제로 여겨지게 되었다.

그러나 그리스도와의 교제를 유지하기를 열망하는 소수의 강인한 영혼들에게는, 어떤 희생을 치르더라도 주님의 명령을 따르겠다는 강력한 도전이 남아 있다.

삶에서 위대하고, 고귀하며, 가치 있고, 영구적인 것은 모든 어려움에도 불구하고 절제와 꿋꿋함과 인내를 요구한다. 그리스도께서는 우리에게 주님의 지시를 따르라고, 주님의 뜻에 순종하라고, 그저 주님의 명령을 행하라고 명하고 계신다.

주님의 명령을 받아들이고 주님의 도전에 응답하는 것은 주님과 함께함에서 엄청난 성취를 발견하는 일이다. 그것은 첫째로, 주님의 명령에 따르는 사람에게 주님이 그분의 은혜로우신 성령을 부어 주시기를 기뻐하시기 때문이다. 둘째로, 우리가 주님의 목적을 성취하기 위해 자유롭고 기쁘게 달려 나가도록 주님이 우리를 자기 집착의 감옥에서 즉시 해방시키시기 때문이다. 우리는 하나님을 위해 일하는, 힘 있고 강하며 기쁨이 가득한 영혼들이 되는 것이다.

그 비결을 간단히 표현한다면 "주님이 당신에게 무엇을 하라고 하시든지 그냥 하라."라는 것이다.

지난 30년 동안 내가 전 세계의 수많은 사람에게 연구나 메시지나 책을 통해서 말해 왔듯이 이것은 율법주의가 아니다. 이것은 당신이 참으로 그리스도를 사랑하며 그분에게 부끄럽지 않게 충성하고 있다는 긍정적인 증거다(요한복음 14-16장을 읽어 보라).

그 외의 것은 다 가식이요 연극이다.

살아 계신 그리스도와의 교제를 유지하는 것은 그분의 명령을 지키는 것이다. 주님의 명령은 고통스러운 것이 아니라 선하고 강력한 것이다.

주님의 명령은 당신의 영혼에 강철을 넣어 주고, 당신의 입술에 노래를 주며, 당신의 심령에 불을 붙일 것이다.

20
아버지의 돌보심 가운데
안식하며 즐거워하라

주님을 온전히 신뢰할 때 주님이 자신들을 전적으로 돌보신다는 것을 아는 사람들이 있다. 그들은 조용히 하나님을 의지하는 자에게는 안식이 있다는 것을 아는 기쁨을 누리고 있다. 그들은 세상으로 인해 염려하지 않는다. 절망이나 어려움에 눌리지 않는다. 악인이나 악한 영들을 두려워하지 않는다

이 장의 주제는 내가 아는 한, 현대 그리스도인들과 토론하기 가장 어려운 주제 가운데 하나다. 우리는 '비즈니스'라는 단어가 유행어인 세상에 살고 있기 때문이다. 우리 사회는 궁극적으로 이루어야 할 목표가 '성공'이라고 하는 잘못된 개념에 빠져 있다. 이 음험한 단어가 인적 자원을 활용하는 인간의 야망, 인간의 활동, 인간의 업적이라는 면에서 무엇을 의미하든지 간에 그러하다.

결과적으로 이러한 개념들이 교회에도 휘몰아쳐 들어왔다. 지도자들은 사람들에게 거창한 계획, 중대한 캠페인, 끝없는 모임과 온갖 인상적인 프로그램에 참여하라고 촉구한다. 그리고 사람들은 대부분 크면 클수록 좋다는 개념에 푹 빠져 있다.

그러나 놀라운 사실은 우리 아버지께서 이 지구에서 그분의 목적을 이루시는 일을 하실 때마다, 그분은 조용히 신뢰하며 아버지 안에서 안식하는 한 영혼을 통해, 즉 아버지의 돌보심 가운데 조용히 안식하며 즐거워하는 사람을 통해 그 일을 행하신다는 것이다. 참으로 하나님을 친밀히 하는 사람의 영혼에는 안식이 있다. 우리 아버지의 완전한 신실하심을 즐거워하는 고독한 영혼에는 하나님이 주시는 활력과 힘이라는 놀라운 차원이 있다.

어제 우연히 우르줄라와 나는 이제껏 봤던 것 중에 가장 감동적인 TV 다큐멘터리를 보았다. 제2차 세계 대전 때 수마트라 밀림 속에 있던 일본 포로수용소에서 수백 명의 네덜란드 여인들과 영국 여인들이 겪었던 끔찍한 고통과 수모에 관한 노골적인 이야기였다. 그 끔찍했던 시대의 비애와 고통을 기억할 정도로 나이 많은 우리에게는, 그 프로그램이 마치 잔인한 사령관들의 지휘 아래 세상을 괴롭혔던 사악한 어둠과 죽음의 무서운 문을 다시 여는 것처럼 느껴졌다.

그러나 그 비참한 수용소를 극복한 놀랍고 믿을 수 없을 정도의 한 가닥 찬란한 영광이 있었는데, 그것은 바로 음악을 사랑했던 젊은 영국 선교사의 삶과 증언이었다.

그녀는 순전히 기억에 의존해서 그리고 하나님을 가까이하는 삶을 통해, 위대한 찬송과 훌륭한 클래식 음악의 악곡과 멜로디들을 떠올릴 수 있었다. 그녀는 그것을 놀랄 만큼 정확하게 종이에 적었다. 그리고 은사가 있는 다른 젊은 여성의 도움을 받아, 누더기를 입고 굶어 죽어 가며 질병에 시달리는 수백 명의 여성이 한목소리로 노래를 부르도록 가르치기 시작했다.

그리고 그렇게 상한 마음과 부서진 삶에서 일제히 솟아난 화음이 바로 그들에게 생존의 확신과 힘을 주는 근원이 되었다. 그 악몽 같은 시련 이후 50년도 더 지나서, 이제는 백발이 되고 주름이 깊게 팬 여성들이 연이어 놀라운 증언을 했다. 그들은 주변에서 온갖 만행이 벌어지는 가운데서도 하나님 안에서 안식을 누렸던 이 조용하고 겸손한 영국 아가씨를 통해 일어난 놀라운 일들을 극찬했다.

이것이 최악의 상황을 변화시킬 수 있고, 하나님과 즐거이 교제하는 사람이 보여 주는 위대한 삶이다. 이 위대한 찬송과 영광스러운 노래의 맑고 깨끗한 소리가 잔인한 일본인 억류자들의 만행에서 그 여성들의 영혼을 자유롭게 했다. 그래서 그들은 하나님 안에서 새로운 소망과 새 힘을 발견할 수 있었다.

나는 경이로움에 사로잡혀 조용하게 가만히 앉아 있었다. 눈물이 뺨을 타고 흘러내렸다. 나는 아무 말도 할 수 없었다. 특히 그들이 부른 순수하고 힘 있는 노래를, 오늘날 일부 교회에서 지극히 높으신 하나님께 드린다는 저질스럽고 현란한 나이트클럽의 외침 같은 노래와 비교해 보면서 말문이 막혔다. 하나님의 영광이 그분의 백성 가운데서 떠나 있는 것은 놀라운 일이 아니다!

그리스도인이라고 자처하는 사람들이 힘든 선택을 해야 할 날이 빠르게 다가오고 있다. 교회들 가운데서 거짓된 겉치레와 가식의 욕구만을 충족시키는 축제 분위기에 동참할 것인가, 아니면 하나님 안에서 안식과 힘을 발견할 것인가?

<blockquote>
하나님의 자녀에게는 안식처가 있다.
간절히 찾는 영혼에게는 힘의 근원이 있다.
추구하는 심령에게는 기쁨의 노래가 있다.
</blockquote>

그러나 경건을 가장하는 서구 세계 전역에 지금 만연해 있는 우리의 자극적인 예배에서도, 우리의 피상적인 기독교 신앙에서도 이러한 것들을 찾을 수 없다.

안식과 힘, 흔들림 없는 확신은 그리스도와의 교제 및 우리 아버지의 돌보심에서만 발견할 수 있다! 나는 평판이 나빠질 위험을 무릅쓰고 이 영원한 진리를 여기서 주저 없이 다시 이야기하겠다. 우리 각 사람이 직면하고 있는 중요하고 핵심적인 질문은 이것이다. "나는 하나님이 내 인생에서 내게 필요한 모든 것이 되어 주실 수 있는 분이라는 사실을 믿을 것인가?"

우리에게 가장 큰 문제는 하나님을 믿지 않는다는 것이다. 대부분 우리는 입으로는 바른 말을 하고 거룩한 노래를 부르면서도, 우리 자신의 역량과 지혜, 전문 지식과 자원을 의지하여 삶을 살아간다. 우리는 표리부동에 빠져 있는 것이다. 이것은 우리 자신에게 명예스럽지 못한 일일 뿐만 아니라, 하나님이 심히 슬퍼하시는 일이다.

참으로 달라진 것이 아무것도 없다. 그리스도께서 인간으로서 우리 가운데 사셨을 때, 그분은 자신의 친밀한 제자들의 믿음이 부족한 것을 보고 실망하셨다. 우리도 그들과 다르지 않다. 성경은 이렇게 분명하게 말씀하고 있다. "그들이 믿지 않음으로 말미암아 거기서 많은 능력을 행하지 아니하시니라"(마 13:58).

그러나 주님의 제자들 가운데는 주님을 온전히 신뢰할 때 주님이 자신들을 전적으로 돌보신다는 것을 발견한 사람들도 있다. 그들은 조용히 하나님을 의지하는 자에게는 안식이 있다는 것을 발견하는 기쁨을 누리고 있다. 그들은 주님과의 교제를 통해 기쁨이 넘치고 아무 걱정 없는 확신을 누리고 있다. 한마디로 그들은 극소수의 사람들만이 알고 있는 삶의 차원을 누리는 승리자들인 것이다.

그들은 세상으로 인해 염려하지 않는다.
절망이나 어려움에 눌리지 않는다.
악인이나 악한 영들을 두려워하지 않는다.

이와 관련하여 오늘날의 교회를 휩쓴 끔찍한 미혹 가운데 하나는 사탄을 과도하게 부각시키고 있다는 것이다. 특히 은사주의 운동 가운데 일부는 잘 모르는 수많은 사람으로 하여금 그들의 삶을 파괴하고 하나님 안에서 누리는 안식을 깨뜨릴 수 있는 힘이 사탄에게 있다고 믿게 만들었다. 그러나 그들이 참으로 그리스도를 알고 있다면, 그것은 전혀 그렇지 않다!

그리스도와의 교제를 유지하는 사람, 우리 아버지를 흔들림 없이 믿는 사람, 성령에게 온전히 순종하는 사람은 사탄에게서 전적으로 안전하다. 사탄은 속이는 자요 파괴자다. 그러나 사탄은 하나님의 돌보심 가운데 안식하며 즐거워하는 영혼을 파멸시킬 수 없다. 그러한 사람은 부활하신 그리스도의 보이지 않는 임재와 능력에 둘러싸여 있다. 그리고 사탄은 주님의 눈앞에서, 주님의 말씀 앞에서 떨며 도망한다.

하나님의 빛이신 그리스도께서는 속이는 자 사탄의 음흉한 궤계를 완전히 드러내고 폭로하신다.

그리스도께서는 부활의 능력으로 죽음을 정복하시고, 악의 세력을 이기시며, 사탄을 웃음거리로 만드신다.

그리스도께서 부활하셨다! 그리스도께서 살아 계신다! 하나님의 어린 양이시지만 또한 유다 지파의 사자이신 그리스도께서 영광과 큰 능력으로 다스리신다!

바로 이 예수 그리스도께서 그분을 온전히 신뢰하는 사람에게 자신의 생명과 사랑과 빛을 나눠 주신다. 그리고 그 경이로운 안전함 가운데서, 겸손한 신자는 사람이든지 영이든지 상관없이 그 어떤 원수의 공격에서도 안전하다.

여기에 영혼의 힘이 있다. 여기에 심령의 평온함이 있다. 이것이 그리스도를 즐거워하며 그분의 임재 안에서 안식을 발견하는 사람들이 부르는 노래의 비밀이다.

나는 지금 신비주의에 대해 말하고 있는 것이 아니다. 이것은 그리스도 안에 거하고, 그리스도께서 그 안에 거하시는 사람이 실제로 매일 경험하는 일이다. 주님은 모든 주님의 백성이 이러한 평온한 삶을 누리기를 바라신다. 그러나 그러한 사람은 극히 적다!

그것은 부분적으로는 인생의 고통에 대해 심각하게 오해하고 있기 때문이기도 하다. 인간은 고통 가운데 태어난다. 고통은 우리 인간 존재의 일상에서 빼놓을 수 없는 부분이다.

그리스도께서는 모든 날에는 그날의 괴로움이 있을 것이라고 분명히 말씀하셨다. 주님의 제자들이 고통이나 환난을 면제받게 될 것이라고 결코 말씀하신 적이 없다. 그와는 정반대다. 그리스도께서는 분명히 말씀하시기를, 우리가 이 세상에서 주님과의 교제를 유지하는 동안 환난이 있을 것이라고 하셨다.

그러나 우리는 담대해야 하며, 기뻐해야 하고, 기운을 내야 한다. 주님이 우리와 함께 계시기 때문이다. 주님이 악을 이기셨다. 그러므로 모든 것이 잘될 것이다!

바로 이러한 경우에 수많은 소중한 사람이 잘못된 가르침에 미혹되어 낙심하게 된다. 일이 잘못되거나 잘못되어 가는 것처럼 보일 때, 그들은 하나님의 뜻에서 벗어났다는 말을 듣게 된다. 어려움이 닥치면 영혼의 원수인 사탄의 공격이 분명하다는 말을 듣게 된다. 병에 걸리면 삶에 어떤 은밀한 죄가 있기 때문이라는 말을 듣게 된다.

그러므로 그리스도를 완전히 신뢰해 본 적이 전혀 없는 사람들에게 미혹과 자기기만의 장황한 목록이 낙심과 절망을 가져다주게 된다. 아주 많은 사람들이 영적인 삶과 현세의 삶에서, 아이들이 갖고 노는 요요처럼 위아래로 오르락내리락 흔들리는 것은 조금도 놀랄 일이 아닌 것이다.

모든 하나님의 자녀가 반드시 가져야 할 절대적이고 기본적인 믿음은, 하나님의 말씀에 순종하면서 그분과 즐겁게 화합하여 산다면 그분의 허락 없이는 어떠한 것도 우리의 삶을 침해할 수 없다는 것이다. 다시 말해, 그리스도와 친밀히 교제하며 사는 것은 주님과 동행하는 가운데 하나님이 모든 세세한 부분까지도 온전히 돌보시고 다스리신다는 평온한 확신을 날마다 경험하는 것이다.

어떤 시련이나 혼란이 닥쳐도 상관없다. 고통이나 가난이 있다 해도 상관없다. 모든 일은 우리 아버지께서 가장 잘 아시는 최고의 목적을 위해, 나의 궁극적인 유익과 그분의 영광을 위해 나에게 영향을 미치도록 허락하신 것이다.

그리스도에 대해 이처럼 단순하고 깊은 그러나 어린아이 같은 확신을 품고 사는 것은 우리의 고통을 이겨 내고, 어떤 역경 가운데서도 하나님의 신실하심을 누리는 것이다. 오직 그럴 때만 우리는 그 어떤 상황 속에서도 모든 상황에 대해 진정으로 감사할 수 있다. 오직 그럴 때만 우리는 우리 일에 대한 주님의 특별한 섭리를 평온히 의지할 수 있다. 오직 그럴 때만 우리는 우리를 따라다니는 모든 어려움이나 딜레마에 대해 진실하게 주님을 찬양할 수 있다.

여기서 우리 아버지께서 우리가 고통을 겪게 하시는 타당하고 합리적인 이유 중 몇 가지를 자세한 설명 없이 열거해 보겠다. 만일 당신이 그것들을 이해한다면 당신은 주님이 당신을 대하시는 방식의 경이로움을 알게 될 것이다. 당신을 향한 주님의 모든 목적은 위대하고, 선하며, 고귀하고, 은혜롭다. 주님은 당신의 고난에서 당신에게 아름다운 유익을 가져다 주실 수 있다.

첫째, 고통을 주님의 섭리라고 잘 받아들이기만 하면, 그 고통은 우리가 하나님을 간절히 찾도록 주님 안에서 우리의 힘을 발견하는 자리로 우리를 인도한다.

둘째, 시련은 주님을 믿는 우리 믿음에 대한 도전이다. 시련 가운데서 우리는 주님이 우리에게 얼마나 신실하신지 발견하게 된다.

셋째, 어려움은 우리와 주님의 친밀한 관계를 깊게 해주기 위해 마련된 것이다. 어려움의 폭풍 구름은 우리와 동행하시는 주님의 발의 먼지일 뿐이다.

넷째, 어두운 골짜기에서 우리는 버림받지 않았고 혼자가 아니라는 것을 발견하며, 주님께 더 가까이 나아가게 된다.

다섯째, 고난의 도가니는 우리의 교만을 으스러뜨리며, 우리의 굳은 마음(완고한 의지)을 깨뜨리고, 우리에게 회개의 영을 준다.

여섯째, 삶의 재난은 모든 가치를 올바른 관점으로 바라보게 한다. 우리는 곧 무엇이 헛되고 공허한 것인지, 무엇이 영원한 것인지 알게 된다!

일곱째, 고난과 슬픔은 우리의 인격을 정화시켜 준다. 사랑과 오래 참으심으로 우리를 다시 창조하시는 주님의 임재를 힘입어 우리가 어려움을 참아 내는 동안, 우리의 성품은 아름답고 매력적으로 변화된다.

이외에도 타당한 이유는 많이 있다. 그러나 모든 상황에서 주님의 돌보심 가운데 안식할 수 있다는 것을 보여 주기 위해서는 이것만으로도 충분하다. 어떤 일을 당하더라도 우리는 주님과 사랑의 교제를 누릴 수 있다.

이 놀라운 주제는 하나님의 은혜로우신 성령의 영감에 의해 우레와 같은 말로 가장 위엄 있게 표현되어 있다.

"우리가 알거니와 하나님을 사랑하는 자 곧 그의 뜻대로 부르심을 입은 자들에게는 모든 것이 합력하여 선을 이루느니라 … 그러나 이 모든 일에 우리를 사랑하시는 이로 말미암아 우리가 넉넉히 이기느니라 내가 확신하노니 사망이나 생명이나 천사들이나 권세자들이나 현재 일이나 장래 일이나 능력이나 높음이나 깊음이나 다른 어떤 피조물이라도 우리를 우리 주 그리스도 예수 안에 있는 하나님의 사랑에서 끊을 수 없으리라"(롬 8:28, 37-39).

삶의 도가니에서 매일 그리스도와 동행하며 이 진리를 실제로 깨닫고 실천하면, 우리는 우리 영혼을 위한 주님의 힘을, 우리 심령을 위한 주님의 확신을 누리게 되는 것이다.

이것은 주님 안에서 안식을 누리는 것이다.
이것은 주님을 의지하는 것이다.

단지 평안하고 안식할 때만 아니라, 밀어닥치는 투쟁과 힘든 시기 중에도 그러는 것이다. 우리 시대의 혼란 가운데서도 강하게, 평온하게, 두려워하지 않고 서 있는 것이다.

우리도 엘리사처럼 우리 문화의 혼돈 가운데서 우리 시대의 사람들에게 이렇게 외칠 수 있어야 한다. "두려워하지 말라 우리와 함께한 자가 그들과 함께한 자보다 많으니라"(왕하 6:16).

오 주님, 그들의 눈을 열어 보게 하소서!

21
주님의 임재 가운데
잠잠히 거하라

잠잠히 참을성 있게 주님을 기다리면, 우리의 영혼은 평안을 누리게 될 것이다. 주님은 우리 각자에게 가장 좋은 때에 주님의 놀라운 방법으로 일을 이루신다. 하나님의 때를 기다리는 하나님의 자녀에게는 최상의 행복감, 조용한 안식을 주는 평온한 확신, 영혼의 깊은 힘이 임하게 된다.

이 장의 제목은 독자들이 봤을 때 모순이라고 생각될 수도 있겠다. 서구 세계에 사는 우리는 인간이 치열하게 활동한 것이 성공의 비결이라고 굳게 믿고 있기 때문이다. 우리는 분투하고 노력하는 것이 발전하는 길이라고 들어 왔다.

"고통이 없으면 얻는 것도 없다."라는 현대 속담이 모든 사람의 입에 오르내리고 있다.

그런데 이러한 개념이 교회에도 밀려들어 왔다. 끝없는 프로그램들과 유명한 설교자들, 대형 집회, 밴드와 드럼과 심지어 하드 록 리듬까지 동반한 경쾌한 음악 등 청중들에게 그들이 환대 받고 있음을 확신시키기 위해서라면 무엇이든 이용하는 것이 주된 관심사가 되었다.

대중은 하나님이 우리의 온갖 소음, 귀에 거슬리는 박수와 웃음 소리, 육적인 선정주의에 아주 감동하신다고 하는 생각에 사로잡혀 있다. 그래서 어떤 독자는 이 장을 아예 읽지 않겠다고 할지도 모르겠다. 그들은 자기 영혼을 강하게 하는 것이 지극히 높으신 하나님의 임재 가운데 잠잠히 있는 게 아니라, 마음을 흥분시키는 음악과 선정적인 의식이라고 믿는 것을 아주 만족스러워할 수도 있다.

몇 주 전에 우르줄라와 나는 이 지역에서 가장 크고 활동적인 한 교회에 다녀왔다. 그런데 실망스럽게도 그 예배당에는 예배의 모양조차도 없었다. 토요일 아침에 열리는 지역 직거래 장터라도 되는 양, 사람들이 낄낄거리고 속삭이며 왔다 갔다 했다. 단 위에서는 이상한 소그룹들이 자기들의 작품을 보여 주었는데, 심지어 관심을 끌기 위해 수영복을 입고 해변 파티를 하는 장면을 연기하기도 했다. 우리는 그러한 소란을 30여 분 지켜본 후에 거기서 조용히 나와 집으로 돌아갔다.

며칠 뒤 그 교회의 목사가 우리가 중간에 나간 이유를 전화를 걸어 물었다. 나는 우리가 교회에 간 것은 하나님을 공경하며 경외하는 가운데 예배하기 위해서였다고 간단히 대답했다. 그리고 잠잠하고 진실하게 지극히 높으신 하나님의 음성을 듣기를 기대했다고 했다.

그의 대답은 자기 교인들이 더 이상 교회 같은(church-like) 예배를 원하지 않는다는 것이었다. 대신 그들은 편안하고 현대적인 활동을 하기를 원했다.

따라서 이 마지막 장의 내용은 독자들이 좋아하지 않는 내용일 수도 있다. 급변하는 세상에서 이것은 퇴보처럼 여겨질 수도 있다. 그러나 우리 아버지 하나님이 '영혼에 힘을 얻게 되는 최고의 영적 비결은 주님의 임재 가운데 잠잠히 거하는 것에 있다'는 사실을 깨닫게 하는 데 이 장의 내용을 사용하실 수도 있다.

'완전한 잠잠함'이라는 이 내면의 자세를 갖추는 데 가장 큰 걸림돌 중 하나는, 아무튼 이것이 교묘한 신비주의의 일종이라는 관념이다. 어떤 사람들은 심히 경멸하는 어조로 이를 '경건주의'(pietism)나 심지어 '정숙주의'(quietism)라고 부르기도 한다.

그러나 어떤 비난이 있다고 하더라도, 대대로 참으로 위대하고 고귀했던 하나님의 성도들은 모두 살아 계신 하나님과 조용히 교제하는 것이 영적인 힘과 영감의 근원임을 발견해 왔다.

간단하고 쉽게 이해할 수 있도록 나는 여기서 잠잠함이 영적인 행복에 그토록 중요한 이유가 무엇인지 설명해 보려 한다. 그 내용을 일곱 가지로 구분하여 다루어 보겠다.

잠잠함 가운데서 위대하고 고상하며 창조적인 노력의 결실들이 나타난다

창조 세계가 잠잠한 가운데 설계되었으며, 잠잠히 하나님의 능력으로 유지되고 있고, 잠잠히 경이롭고 놀라운 방식으로 움직이고 있다는 것을 우리가 깨닫기 위해서는, 그저 조용히 멈추어 창조 세계의 놀라운 장엄함을 묵상할 필요가 있다.

여명과 일몰의 잠잠함, 숲의 잠잠함, 산속 초원의 잠잠함, 빛나는 별들 아래 사막의 밤의 잠잠함, 은빛 이슬이 아롱진 풀과 장미꽃 봉오리의 잠잠함은 인간 영혼의 가장 깊은 샘에 말을 건다. 광야에서, 드넓은 하늘에서, 조용한 정원에서, 우리 아버지의 임재의 잠잠함과 영광이 우리 영혼에 순수함과 힘과 영감을 가득 채운다.

그러면 우리는 아버지에게서 말미암는 영혼의 각성을 통해 고양되고 활력을 얻어 고상하고 영구적인 것을 만들어 내는 것이다. 위대한 예술이나 음악, 위대한 문학이나 건축물, 위대한 사상이나 발명품이 그런 것들이다.

> 이러한 것들의 근원은 살아 계신 하나님이다.
> 하나님은 죽을 수밖에 없는 우리에게
> 잠잠함 가운데서 그분의 영원한 본질의 일부를 전해 주신다.
> "너희는 가만히 있어 내가 하나님 됨을 알지어다"(시 46:10).

따라서 숭엄한 잠잠함 가운데서 살아 계신 하나님의 임재가 그 위에 운행하신다는 사실을 민감하게 인식하고 일하는 사람들은, 우리의 노력이 우리 자신의 것이 아님을 잘 알고 있다. 그러한 노력들은 바로 하나님에게서 시작되는 것이다. 또한 그것들은 우리에게 고귀한 봉사와 영원히 아름다운 일들을 지속적으로 하도록 영감을 불어넣어 주시는 하나님의 성령의 깊은 샘에서 나온다.

잠잠함 가운데서 그리스도의 음성을 가장 분명하게 듣는다

우리와 교제하시는 지극히 높으신 하나님의 음성을 참으로 듣는다는 것은, 우리의 귀로 청각적인 소리를 받아들이는 일이 아니다. 성경적인 의미에서 '듣는 것'은 하나님의 은혜로우신 성령께서 우리에게 진리를 전달하신다는 것을 우리의 심령으로 예리하게 인식하는 것을 의미한다.

이 진리는 하나님의 말씀에 근거한 것이다. 이 진리는 하나님의 아들의 위엄 있는 인격을 통해 우리에게 계시되고 있다. 또한 하나님의 성령의 역사를 통해 우리의 양심에 분명하게 와닿게 된다.

하나님의 음성을 정말로 듣기를 바라는 사람은 하나님과 단둘이서만 있어야 한다. 정직한 믿음으로 하나님의 음성을 듣기를 온전히 기대하면서, 하나님 앞에 완전히 잠잠하게 있어야 한다. 그러면 무엇을 해야 하는지에 대한 심오하고 강력하면서도 은밀한 내면의 확신이 뒤따르게 된다.

옛날 사람들은 이것을 '하나님께 대한 위대한 의무'라고 부르곤 했다. 그것은 내가 해야 하는 것이거나 하지 말아야 하는 것이다.

영혼 안에서 그리스도께서 하시는 말씀을 분명하게 들은 사람은 즉시, 담대하게, 기쁘게 그 말씀을 따라야 한다. 이것이 바로 '듣는 것'이다. 그것은 평온한 확신과 흔들리지 않는 믿음으로 순종하는 것을 의미한다.

하나님은 잠잠히 우리에게 말씀하실 것이다. 그러면 우리는 지체하거나 따지지 말고 따라야 한다. 이는 하나님의 선하신 뜻을 공개적으로 행하는 것이다.

내가 여기서 말하고 있는 것은 점점 일반화되어가고 있는 거짓되거나 감상적인 자기기만 또는 자기 최면에 관한 것이 아니다. 또한 나는 초월명상처럼 음험한 것을 옹호하지도 않는다. 사람들은 그런 것을 통해 거짓 영들과 소통하면서 종종 자기들이 하나님의 음성을 들었다고 믿는다. 그러나 이것은 무시무시한 미혹인 것이다!

우리가 참으로 우리 아버지에게서 말미암는 진리와 인도와 힘을 구하면, 아버지께서는 그분의 말씀을 통해, 그분의 아들 안에서, 그분의 성령에 의해 그것들을 우리에게 전해 주신다. 그러나 영혼의 잠잠함과 확신 가운데 우리 안에서 그렇게 하신다.

잠잠히 하나님의 때를 기다리라

20세기 그리스도인 가운데 너무나 많은 사람이 분주하게 움직이는 비버처럼 살고 있다. 그들은 끝없는 활동의 열정적인 광분 상태에 빠져 동분서주하고 있다. 그들은 경건의 궁극적인 척도가 주님을 위해 바쁘고, 바쁘며, 바쁜 것이라고 절대적으로 확신하고 있다.

우리 가운데 누구라도 섬김에 너무 몰두해 있으면, 우리 구주보다는 섬김에만 더 신경을 쓰게 되기 쉽다. 그러고 나서 우리 자신이 지치거나 탈진하는 이유에 대해 이상하게 생각한다.

그러나 주님은 언제나 우리 곁에 조용히 서 계시면서, 우리가 마땅히 드려야 할 시간을 주님께 드리기를 인내하며 기다리신다. 주님은 우리와 함께하기를 간절히 바라신다.

우리는 참을성이 없는 사람들이다. 우리는 신속한 조치를 바란다. 즉각적인 결과를 원한다. 빠른 해결책을 요구한다. 조금이라도 지연되는 것을 원하지 않는다!

그러고는 하나님과 우리 사이에 조화가 자주 이루어지지 않는 이유가 무엇인지 의아해한다. 우리는 하나님이 해결해 주시기를 바라며 기도한 다음, 밤새 아무런 일도 일어나지 않으면 배신감을 느낀다. 그러면 우리 영혼은 긴장하게 되고, 압박을 받으며, 초조해지게 된다. 이것은 우리가 잠잠한 심령으로 하나님의 때를 기다리는 법을 배우지 못했기 때문이다.

주님은 100년이라는 시간을 들여 숲속의 견고한 세쿼이아 나무를 자라게 하신다. 그런데 우리는 7일간의 특별 집회를 통해 하나님이 우리의 성품을 성숙시켜 주시기를 바라고 있다. 주님은 5천 년 동안의 기후 변화를 통해 끈기 있게 산맥을 형성하셨다. 그런데 우리는 주님이 20년 안에 우리 문화의 형세를 바꾸어 주시기를 기대하고 있다.

만일 우리가 잠잠히 참을성 있게 주님을 기다린다면, 우리의 영혼은 평안을 누리게 될 것이다. 주님은 우리 각자에게 가장 좋은 때에 주님의 놀라운 방법으로 일을 이루신다.

하나님의 때를 기다리는 하나님의 자녀에게는 최상의 행복감, 조용한 안식을 주는 평온한 확신, 영혼의 깊은 힘이 임하게 된다. 잠잠히 그리스도를 신뢰하는 것이 최고의 비결이다. 주님도 우리와 함께하는 이 조용한 시간을 기뻐하신다.

하나님이 그분의 방법대로 일하시는 것을 잠잠히 지켜보라

주님의 때에 주님 자신의 가장 좋은 목적을 이루시는 그리스도를 잠잠히 기다리는 것이 중요한 것처럼, 주님의 백성인 우리는 때때로 잠잠히 있으면서 주님이 일하시는 것을 지켜보는 것도 필요하다. 대부분 우리가 섬김에 있어서 범하는 가장 큰 실수는 아마도 우리 자신의 계획과 프로그램에 너무 빠져서 주님의 역할을 무시하는 일일 것이다. 그러나 주님의 역할이 단연코 가장 중요하다.

주님이 나에게 맡기신 모든 일에 충실하고, 부지런하고, 충성하는 것은 당연한 일이다. 그러나 내가 오래전에 배운 것은, 주님이 이루실 수 있는 놀라운 일들을 보기 위해 한쪽으로 비켜 잠잠히 서 있는 것도 나에게 주어진 겸손하고 명예로운 의무라는 것이다.

그렇게 하면 내 심령은 주님을 향한 찬란한 믿음의 불꽃으로 타오르게 된다. 모든 역경에도 불구하고 내 모든 영혼(마음과 정신과 의지)이 주님의 능력과 힘을 예민하게 느끼며 감동과 힘을 얻게 되는 것이다.

> 그리스도께서는 옛날에도 그러셨듯이
> 우리를 위해 위대한 일을 이루고 계신다.
> "모세가 백성에게 이르되
> 너희는 두려워하지 말고 가만히 서서
> 여호와께서 오늘 너희를 위하여 행하시는 구원을 보라"(출 14:13).

잠잠한 상태로 하나님이 일하시는 것을 실제로 지켜보는 것에는 시간이 소요된다. 그것은 나의 활동적인 마음을 잠잠하게 하고, 끓어오르는 감정을 잠잠하게 하며, 의지를 잠잠하게 함으로 주님이 나의 선택을 주장하시고 결정을 내리시게 하려는 의식적이고, 조용하며, 의지적인 내면의 행동을 요구한다. 그러면 주님은 그분의 은혜로운 방식으로 나를 둘러싼 하나님의 병거와 마병들을 볼 수 있게 해주신다.

이제 나는 더 이상 이 늙고 지쳐 있는 세상이 엉망이라고만 보지 않는다. 나는 그 세상에서 하나님이 이루시는 놀라운 일을 잠잠히 바라본다. 주님의 이름을 송축하라!

잠잠히 있을 때 그리스도께서 가까이 다가오신다

인생의 황혼기에 접어든 연장자로서, 나는 아주 만족스럽게 나를 붙잡아 주고 있는 것이 그리스도의 임재에 대한 예리하고 강렬한 인식이라고 개인적으로 간증할 수 있다.

잠잠히 있을 때 그리스도께서 아주 가까이 다가오신다. 주님과 교제하는 아주 소중한 순간, 평범한 말로는 설명할 수 없는 순간이 있다. 주님의 백성은, 이 친밀한 만남에서는 우리에게서 오직 경탄과 경외, 경배만이 쏟아져 나온다는 사실을 체험하고 있다.

나는 경건한 사람인 척하는 것이 아니다. 내가 특별한 영성을 가지고 있다고 주장하는 것도 아니다. 자주 이야기했듯이 나는 보통의 길에서 마주칠 수 있는 투박하고 평범한 사람이다. 그러나 동시에 내가 그 길의 수

많은 길목에서 주님을 만났다는 것을 부끄러워하지 않고 강력하게 말할 수 있다. 주님의 손길이 상황들을 변화시켰고, 모든 면에서 나를 온전하게 만들어 주셨다.

나는 계속 반복해서 주님께 향한다.

주님이 나와 함께하신다! 주님이 이곳에 계신다! 주님이 아주 가까이 계신다! 주님은 너무나 소중한 분이다!

거의 변함없이, 주님의 인격의 온전한 영향력이 가장 강할 때는 바로 나의 내면이 잠잠하고 조용할 때다. 주님의 임재는 내가 호흡하는 공기만큼 뚜렷하게 느낄 수 있고, 내가 걸어가는 땅만큼 안정적이다.

주저하거나 쑥스러워하지 않고 다시 한 번 이야기하겠다. 그리스도를 나의 가장 친한 친구로 아는 것, 하나님을 나를 돌보시는 아버지로 아는 것, 하나님의 은혜로우신 성령을 나의 한결같은 상담자로 아는 것, 그것이 바로 영생을 아는 것이다.

이 친밀하고 가까우며 역동적인 관계가 바로 생명의 영약이다. 이것이 우리 문화의 혼란 가운데서도 조용한 안식과 영원한 소망, 지속적인 만족을 주는 근원인 것이다.

오직 주님의 임재가 평화를 가져다준다.
그러므로 내 영혼은 평안하다.

예배를 받으시기에 합당하신 주님을 잠잠히 진심으로 예배하라

그리스도께서는 온전히 진지한 심령으로 하나님께 나아가는 사람들이 신령과 진정으로 하나님을 예배해야 한다고 분명하게 말씀하셨다. 이러한 예배는 피조물의 활동을 통해서가 아니라, 조용한 회개를 통해 가장 효과적으로 이루어진다.

우리가 진정으로 하나님의 손길을 느끼는 것은 사람들의 부르짖음이나 영향력 있는 프로그램의 과시를 통해서가 아니다. 하나님의 손길은 하나님 앞에 경외심과 경이와 두려움을 품고 꿇어 엎드리는 우리에게, 하나님이 우리 심령의 고요한 성소에서 고요하고 작고 개인적인 음성으로 말씀하실 때 임한다.

그러면 우리는 하나님의 능력을, 하나님의 위엄을, 하나님의 위대하심과 은혜를 깨닫게 된다. 이것은 영혼이 정결하게 되는 시간이다. 이때 우리는 감사와 전적인 겸손함을 보이며 크게 감동하고, 놀라고, 압도를 당하게 된다. 하나님을 둘러싼 천사들처럼 우리는 이렇게 외치게 된다. "나는 망한 자요, 아무 자격이 없습니다. 오직 하나님의 어린양, 그분만이 찬송과 존귀와 영광을 받으시기에 합당하십니다."

이러한 살아 있고 생명력을 주는 만남은 우리 영혼을 정결하게 하고, 우리 심령에 활력을 불어넣으며, 우리의 행동을 변화시킨다. 그것은 잠잠함 가운데서 우리가 하나님의 영광을 보았기 때문이다. 또한 우리는 기뻐하게 된다. 하나님께 속해 있다는 사실에 기뻐하게 된다.

그리스도의 새롭게 하는 이슬이 당신의 영혼을 회복시키고 심령에 안식을 주시도록 잠잠하라

바로 어제, 우리가 알고 있는 거의 모든 가정이 엄청난 곤경에 직면해 있다는 사실이 강하게 와닿았다. 나의 인생을 통틀어 이렇게나 많은 사람이, 혼란하고 복잡한 세상에서 직면하는 다양한 어려움을 견뎌 낼 수 있도록 나에게 도움과 지도, 지원과 기도를 부탁한 적이 없었다.

사람들의 절망은 심해지고 있다. 아주 많은 사람이 인생의 열병과 싸우고 있다. 그들은 미래에 대한 두려움과 불길한 예감에 사로잡혀 있다. 그들은 죄가 지배하는 사회에서 느끼는 긴장과 스트레스로 피곤하고 지쳐 있다.

그들은 어디에서 회복되고, 새롭게 되고, 충전되어야 할까?

이 책은 당신의 지친 발걸음이 당신을 기다리시는 살아 계신 우리 구주께 향하게 하려고 쓴 것이다. 주님은 당신이 그저 주님의 임재 가운데 조용히 앉아 주님 앞에 잠잠히 있기를 간절히 바라신다. 주님과의 교제에서 안식과 새롭게 됨과 회복을 찾으라. 주님의 성령의 고요한 이슬이 당신의 영혼에 부드럽게 내려앉게 하라.

이것이 바로 마리아가 한 일이었고 주님은 그녀의 삶을 변화시키셨다.
마르다는 너무 분주하고 동분서주해서 가장 좋은 것을 놓쳤다.
잠잠히 있으라고 하시는 주님의 초대를
받아들이는 것이 지혜로운 일이다.

이렇게 하는 것이 항상 쉽고 간단한 것은 아니다. 어떤 사람들은 당신을 이상하게 보고 심지어 극단적이라고까지 볼 수도 있을 것이다. 그러나 그것은 그리스도와 교제함으로 영혼이 지고한 만족을 얻기 위해서 치러야 할 작은 희생일 뿐이다. 이것은 주님의 생명 자체를 깊이 들이마시는 일이다.

그러면 당신은 활기차고 담대한 영혼이 되고, 회복의 강물이 당신에게서 주변 사람들에게로 흘러가게 될 것이다. 당신은 절망으로 무너진 세상에 대한 축복이 될 것이다. 왜냐하면 당신의 영혼의 힘과 심령의 평온함은 사실 그리스도께서 당신 안에, 당신이 그리스도 안에 있는 것이기 때문이다. 이것이 바로 생명에 대한 가장 최고의 비밀이다.

사명선언문

너희가 흠이 없고 순전하여……세상에서 그들 가운데 빛들로
나타내며 생명의 말씀을 밝혀 _ 빌 2:15-16

1. 생명을 담겠습니다
만드는 책에 주님 주신 생명을 담겠습니다.
그 책으로 복음을 선포하겠습니다.

2. 말씀을 밝히겠습니다
생명의 근본은 말씀입니다.
말씀을 밝혀 성도와 교회의 성장을 돕겠습니다.

3. 빛이 되겠습니다
시대와 영혼의 어두움을 밝혀 주님 앞으로 이끄는
빛이 되는 책을 만들겠습니다.

4. 순전히 행하겠습니다
책을 만들고 전하는 일과 경영하는 일에 부끄러움이 없는
정직함으로 행하겠습니다.

5. 끝까지 전파하겠습니다
모든 사람에게, 땅 끝까지, 주님 오시는 그날까지
복음을 전하는 사명을 다하겠습니다.

서점 안내

광화문점　서울시 종로구 새문안로 69 구세군회관 1층
　　　　　02)737-2288 / 02)737-4623(F)

강남점　　서울시 서초구 신반포로 177 반포쇼핑타운 3동 2층
　　　　　02)595-1211 / 02)595-3549(F)

구로점　　서울시 동작구 시흥대로 602, 3층 302호
　　　　　02)858-8744 / 02)838-0653(F)

노원점　　서울시 노원구 동일로 1366 삼봉빌딩 지하 1층
　　　　　02)938-7979 / 02)3391-6169(F)

일산점　　경기도 고양시 일산서구 중앙로 1391 레이크타운 지하 1층
　　　　　031)916-8787 / 031)916-8788(F)

의정부점　경기도 의정부시 청사로47번길 12 성산타워 3층
　　　　　031)845-0600 / 031)852-6930(F)

인터넷서점　www.lifebook.co.kr